BEATLES EM TUDO

JOÃO RESENDE

BEATLES EM TUDO

JOÃO RESENDE

Revisão: Louise Araujo
Produção Editorial: Luiza Campos
Capa: Daniel Gnattali
Diagramação: Ilustrarte Design e Produção Editorial
Editor: Guilherme Sucena e Guilherme Tolomei

DADOS INTERNACIONAIS PARA CATALOGAÇÃO NA PUBLICAÇÃO (CIP)

R433b

Resende, João, 1986-
Beatles em tudo / João Resende. – Rio de Janeiro : Zás, 2013.
... p. : il. ; 20 cm.

ISBN 978-85-66031-36-2

1. Beatles (Conjunto musical). I. Título.

CDD-927.8166

Ao meu padrasto Luis Oscar Rodrigues Jobim,
que, mesmo não sendo Beatlemaníaco,
influenciou minha paixão pela música.

AGRADECIMENTOS

Agradeço ao amigo Daniel Gnattali, o cara que não só me apresentou aos Beatles, como passou tardes ao meu lado tirando suas músicas em seu pequeno *mini system*, com quem toquei as canções do Fab Four em shows e que, para coroar essa relação, tenho o privilégio de ter ilustrando esse livro.

Agradeço à minha mãe, Lys Resende, que me apoiou no gosto pela música desde o início, à minha avó e meus tios e tias, que também sempre estiveram ao meu lado.

Meus agradecimentos também a todos aqueles que tiveram alguma influência no meu profundo vício (saudável) pelos Beatles, em especial aos amigos Guilherme Andrade, Eduardo Nogueira, Natasha Pulitini, Fernando Neves, Elaine C. Barbosa, Ana Paula Lage, Nathalya Carvalho e família, Flavia Vianna, Yuri Castelo Branco, Felipe Souza, Ronaldo Porto, Thiago Valente, Marcelo Carvalho, Laura Becker, Igor Vinícius, Gilvan BaldBeatle, Lucinha Zanetti, Igor Knauss, Roberto Catalão, Cristiana Jobim, Beatriz Cajaty, Polliana Araújo, Marta Farias, Fernanda Sigilião e André Katz.

Obrigado ao amigo (ainda virtual) Edcarlos da Silva, meu parceiro no site The Beatles College, que por tantos anos vem se dedicando a transmitir conhecimento sobre a banda da maneira mais democrática possível.

Sou grato também a quem não é tão Beatlemaníaco assim, mas que por puro carinho aguenta meus surtos de Fab Four no dia a dia, em especial: Vanessa Pinheiro, Marcelo Antunes, Luis Cesar Faria Jr., Carolina Barboza, Henrique Matos, Katia Ligeiro, Daniel Bertorelli, Vanessa Serra, Henrique Mattos, Alida Walvis, Marcelo Marques, Mariah Vask, Tácito Junior, Leonardo Muller, Rodrigo Pires, Renato e Felipe Miranda, Felipe Souza e Marcos Lazarini.

Sou muito grato também ao Grupo 5W que me possibilitou realizar o sonho de escrever meu primeiro livro, ainda mais sendo sobre o assunto que está tão intimamente ligado à minha vida.

SOBRE O AUTOR

João Resende é publicitário e sua paixão pelos Beatles não é genética. Os Fab Four entraram em sua vida apenas na adolescência e, desde então, dedica boa parte de seu tempo livre aos estudos sobre a banda e a disseminar seu conhecimento através das redes sociais. Seu primeiro blog sobre o tema foi *hit* na internet e notícia em jornais quando lançou a brincadeira “A História dos Beatles contada pelo Jornal Meia-Hora”. Atualmente, é um dos autores do site The Beatles College.

SUMÁRIO

INTRODUÇÃO

Se nos anos 60 era difícil escapar da Beatlemania, hoje, mais de 40 anos após o fim da banda, posso afirmar que é impossível fugir de sua influência. É só ligar a TV e esperar pouco tempo até alguém fazer uma menção. Ir ao shopping e ouvir o pianista da praça de alimentação tocar uma canção. Conversar sobre música com pessoas de qualquer idade e encontrar um fã deles no recinto.

Como um Beatlemaníaco, cercado de amigos que também fazem valer a alcunha, notei que diversas coisas à minha volta naturalmente me remetiam à obra e às vidas de John, Paul, George e Ringo. Algumas são bem óbvias: ver uma faixa de pedestres e lembrar-se da capa de Abbey Road. Observar uma mulher que incomoda uma amizade e apelidá-la de Yoko. Isso sem falar num submarino, numa maçã verde, num óculos arredondado...

Mas quanto mais você gosta e se aprofunda na história da banda, mais isso fica evidente. E aí seu universo Beatle-sintático se expande para ônibus, cabeludos, buldogues, vegetarianos, Fórmula-1, músicos, Índia, Alemanha, aqui, ali e em qualquer lugar. Cada vez mais, tudo remete aos Beatles.

Resolvi me propor o desafio: embarcar de vez nessa Beatlemania (mania mesmo) e procurar ao menos uma relação da banda com o maior número de coisas possível. O processo foi surpreendente. Encontrei-os onde eu menos esperava. E, em vez de inventar coisas para colocar aqui, acabei tendo de selecionar os assuntos mais relevantes para caber nestas páginas.

O resultado é esse livro, que não pretende contar a história deles, nem analisar sua obra e muito menos insinuar que sou mais conhecedor sobre a banda do que alguém – até porque conheço no mínimo uma dúzia de Beatlemaníacos que sabem muito mais do assunto do que eu. A única intenção desse livro é o que já está dito em seu título: mostrar que, para um fã dos Fab Four, tudo lembra os Beatles.

REGRAS E CONVEÇÕES

Quando se fala de Beatles, dependendo do interlocutor, muitas vezes não se fala apenas de música, mas também de paixão. Por isso, é melhor expor alguns critérios adotados pelo autor em prol do objetivo deste livro.

Todos os fatos citados neste livro têm provas materiais ou virtuais e/ou fontes confiáveis. Se você tiver alguma dúvida, sugestão ou crítica, entre em contato comigo no e-mail beatlesemtudo@gmail.com

Ontem Beatle, sempre Beatle

No entendimento do autor, canções das carreiras solo de cada integrante – como *Imagine, All Things Must Pass* e *My Love* – fazem parte do universo dos Beatles, assim como trabalhos feitos em projetos com outras bandas.

Um Beatle cantou, virou dos Beatles

Twist and Shout, Roll Over Beethoven e *Mr. Moonlight,* embora não sejam de autoria dos Beatles, são consideradas parte deste universo, assim como *Stand by Me,* canção regravada com muito sucesso por John Lennon.

Já que temos intimidade, pode chamar de...

Para otimizar a leitura e aumentar o número de fatos citados, nomes longos facilmente reconhecíveis são encurtados. São os casos de *Sgt. Pepper, With a Little Help, Lucy in the Sky* e *Ob-la-di.* Apenas o filme *Magical Mistery Tour,* e não a música ou o álbum, também será carinhosamente chamado de *MMT.*

Datas

O ano de lançamento das obras citadas é sempre incluído em parênteses (XX). Apenas datas de trabalhos musicais dos Beatles ou de suas carreiras solo não terão essa indicação, para evitar a repetição das mesmas.

1. ESPORTES

Embora nenhum Beatle tenha sido ávido esportista, é de se esperar que a banda mais famosa de todos os tempos tenha deixado reflexos nesse universo. O futebol, seu compatriota, acolheu a influência Fab em cantos de torcida, apelidos e algumas passagens históricas. O automobilismo foi uma das poucas coisas capazes de fazer George se apaixonar tão profundamente. E os esportes mais populares do país que adorou ser "invadido" pelos Fab Four também ficaram com a sua marca. Divirta-se com as muitas relações Beatlemaníacas com as mais diferentes modalidades.

FUTEBOL

Os times dos Beatles

Liverpool tem um dos clássicos mais antigos do mundo: **Liverpool FC** x **Everton FC**. O primeiro veste vermelho, é ligado aos católicos e seus jogadores são os Reds. O segundo é azul, protestante e agrupa os Toffees. Com tanta rivalidade, Brian Epstein, empresário da banda, aconselhou os Beatles a não declarar sua torcida para ninguém. E deu certo: descobrir o time de cada um deles é tarefa árdua.

Paul McCartney

Macca, por exemplo, de tanto fugir do assunto acabou se tornando o maior vira-casaca do rock. Ele já foi a finais do Everton, mas fez questão de ouvir uma final do Liverpool pelo rádio. Foi fotografado com uma **roseta do Liverpool**, mas sempre ia com o tio aos jogos dos Toffees. Sai do muro, Paul!

John Lennon

O pai de John torcia para o Liverpool, por isso acredita-se que esta também fosse sua preferência. Mas **Alf Lennon** era o tipo de pai que passa mais tempo desaparecido do que por perto. Por isso, essa relação não foi tão marcante.

Ringo e George

Ringo também é desinteressado em futebol. Só se sabe que ele torcia para o Arsenal em sua infância, porque seu padrasto londrino o levava para as partidas. Já George vai pedir sua permissão para passar bem longe desse assunto. É que como ele mesmo disse, "há três times de futebol em Liverpool. Eu torço para o outro".[1]

[1] O terceiro time a que George se refere é provavelmente o Tranmere Rovers F.C., também da região de Merseyside.

FUTEBOL NA DISCOGRAFIA

Um jogador na capa do *Sgt. Pepper*

É Albert Stubbins, ídolo antigo do Liverpool. Antes dele, Paul chegou a escolher Dixie Dean, do Everton, e Billy Liddel, do Liverpool para a capa. Nenhum dos dois entrou, mas Paul já estava sendo vira-casaca de novo.

E outro na música

Se estar numa capa dos Beatles já é demais, imagina em uma música? **Matt Bubsy**, volante do Liverpool nos anos 30, será pra sempre cantado nos versos de *Dig It*. Ele foi citado de improviso por John durante a gravação.

A pelada de *Wall and Bridges*

A capa deste álbum solo de John é um desenho que o Beatle fez na infância. Comparando a ilustração com arquivos históricos, pesquisadores indicaram se tratar de Newcastle x Arsenal, na final da FA Cup de 1952. Existe até uma foto da partida bem parecida com a cena retratada por John.

ESPORTES

Outras aparições de futebol

No *Anthology*, um narrador grita "It's a goal" no final de *Glass Onion*. No filme *Yellow Submarine*, jogadores de Liverpool e Everton aparecem batendo uma bolinha. E no filme *MMT*, o anão fotógrafo veste uma cabeça de leão que é a mesma que ele usou como **mascote oficial** da Copa de 66.

Paul solo

O clipe de *Pipes of Peace*, da carreira solo de Macca, conta uma história real em que inimigos de guerra jogaram futebol. Foi num breve período de trégua da 1ª Guerra Mundial, quando tropas alemães e britânicas **disputaram uma pelada**, antes de voltarem à guerrear.

TORCIDAS

Grito de guerra

Mesmo que Beatles não combine com guerra, várias torcidas já usaram canções da banda para botar sangue nos olhos de seus jogadores. Inclusive a do **Liverpool**, claro: há registros dos anos 60 em que a torcida canta *She Loves You*. Outro canto famoso dos Reds, *We All Live In A Red And White Kop*, é uma versão de *Yellow Submarine*.

Tricolor Beatlemaníaco

Até no Brasil tem torcida que canta os Fab Four. São os torcedores do Fluminense que usam a melodia de *Yellow Submarine* para incentivar seu time com os gritos de "Fluminense, olê-olê -olê, olê-olê-olê, olê-olê-olê."

Provocação

Em 2012, na Escócia, o operador de áudio do estádio do **Hibernian F.C.** pôs *Taxman* para tocar no intervalo do jogo. Seria só mais uma vez em que os Fab Four eram ouvidos num estádio, se aquilo não fosse um deboche com o time adversário, o Hearts, que estava cheio de problemas financeiros. Resultado: torcedores felizes com a gozação e funcionário demitido pelo clube.

A geração "Yé-yé"

Quando Di Stefano se aposentou do **Real Madrid**, nos anos 60, deixou para uma jovem geração de jogadores a árdua missão de substituí-lo. Só que a garotada deu conta do recado e dominou a cena do futebol espanhol na década. No auge do sucesso, quatro jogadores do time posaram para o jornal Marca usando perucas Beatles. Foi assim que o time ficou para a história como o *Madrid de los Yé-Yé*.

Mais de Beatles e torcidas:

- Por causa de seus uniformes amarelos, o **Villarreal** e o Cádiz, da Espanha, são apelidados carinhosamente de *El Submarino Amarillo*.
- O hino do **Lech Poznań**, da 1ª divisão polonesa, é uma versão traduzida de *Yellow Submarine*. Será que eles pagam direitos autorais em toda partida?

XARÁS

Quem é o Beatle do futebol?

Nem Pelé, nem Maradona. Esse apelido é de **George Best**, ídolo do Manchester United dos anos 60. Ele era chamado de "quinto Beatle" não só pelas jogadas geniais, mas também pelo seu visual de galã que enlouquecia as meninas. Mas ao estilo Adriano Imperador, Best conquistou mais confusões do que títulos na carreira.

O Ringo do Bahrein

Menos nobre é o motivo do apelido de **Mahmood Abdulrahman**, meio-campo da seleção do Bahrein nas eliminatórias para a Copa 2010. O nariz avantajado do rapaz fez seus colegas apelidarem-no de "Ringo".

Brasucas xarás

Os Fab Four também inspiraram nomes de jogadores por aqui. **John Lennon Silva Santos** jogou pelo Botafogo em 2012 e **Lenon Fernandes Ribeiro** pelo Flamengo em 2009. Bem que eles podiam ter o gosto musical dos pais, né?

O Liverpool no Brasileirão

Isso pode acontecer. O Liverpool S.E.R.C foi fundado em homenagem à banda. Mas, por ora, o time só joga os torneios da cidade de Palhoça (SC).

E os brasileiros no Liverpool

O Liverpool não tem um histórico de jogadores brasileiros tão notáveis quanto outros clubes europeus. Mesmo assim, na década passada, **Fábio Aurélio** fez sucesso pelo clube, que atualmente conta com os brasucas Lucas Leiva e **Phillipe Coutinho**.

EsTÁDiOs

Finais no Wembley

Em 66, John e Paul foram a Wembley assistir ao Everton ser campeão da FA Cup. Em 68, Macca voltou sozinho ao estádio para ver o Everton na final novamente, mas sua presença não deu tanta sorte. Mesmo com a derrota, o Beatle levou whisky e cigarros para o vestiário do time após o jogo.

Em 77, a final era Liverpool x Manchester United. Paul não foi ao estádio pois estava no Caribe, mas há quem diga que ele fez de tudo para ouvir a final através do rádio. Ainda bem que não conseguiu, porque os *Reds* perderam. Na final de 86, dizem que Macca também esteve presente no estádio. O jogo era Liverpool x Everton. Será que ele passou um tempo em cada torcida?

A tragédia de Hillsborough

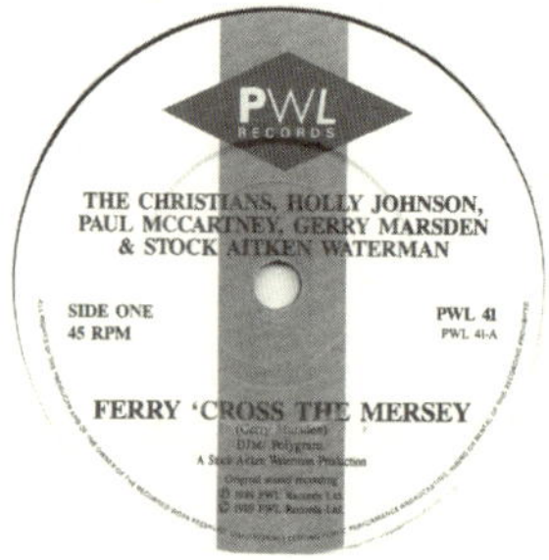

A relação Beatles-futebol também tem momentos nobres. Em 89, durante uma partida do Liverpool, a superlotação fez com que torcedores dos Reds fossem esmagados contra as grades. Em solidariedade às vítimas, Macca e outros artistas gravaram uma versão de ***Ferry Cross the Mersey***. Como em 2012 o caso ainda rolava na justiça, Paul esteve presente em mais uma canção-tributo: a regravação de *He ain't heavy, he's my brother.*

Estádios de futebol brasileiros em que Paul já tocou[2]:

Maracanã	RJ	20 e 21/04/90	Arruda	PE	21 e 22/04/12
Pacaembu	SP	3/12/93	Ressacada	SC	25/04/12
Beira-Rio	RS	07/11/10	Mineirão	MG	04/05/13
Morumbi	SP	21 e 22/11/10	Serra Dourada	GO	06/05/13
Engenhão	RJ	22 e 23/05/11	Castelão	CE	09/05/13

[2] Obs.: Em Curitiba (93), Paul não tocou em um estádio, mas na Pedreira Paulo Leminski.

ÍDOLOS

O Rei e os Reis

Pelé vive contando histórias que envolvem os Beatles. A primeira teria acontecido na Copa de 66. Segundo ele, quatro cabeludos apareceram no hotel da seleção brasileira em Liverpool, dispostos a fazer um showzinho gratuito, porém foram barrados pela comissão técnica. Mas cá entre nós: era difícil alguém ter coragem barrar os Beatles naquela época, hein?

A outra passagem contada pelo Rei é de 76, quando jogava nos EUA. Ele teria batido um papo com Lennon num curso de idiomas. John realmente estudou japonês por lá essa época, então esse caso parece bem mais real.

No Jornal Nacional do dia da morte de John, Pelé ainda disse que tinha encontrado Lennon há pouco tempo, no Japão. "Ele (John) disse que estava fazendo um negócio meio oriental e brincava dizendo 'eu não sei quanto tempo de vida ainda vou ter'". Credo, Pelé...

Outros ídolos

- Quando tocou na Argentina, Paul ganhou uma camisa 10 de **Maradona** na seleção. Do palco, ele mostrou a camisa e gritou: "Soy, Diego".

- Em 2009, **Ronaldinho Gaúcho** foi a Las Vegas assistir *Love*, espetáculo do Cirque du Soleil sobre os Beatles. Deve ter emendado num barzinho, claro.

- Beckham é tão Beatlemaníaco que, antes de seus filhos nascerem, ele já anunciou que estava comprando CDs de versões infantis da banda para eles.

- **Messi** posou no estilo Beatles para a capa da revista GQ, em 2011.

- Cristiano Ronaldo já disse em entrevista que acha Oasis melhor que Beatles. Ok, Cristiano. Eu também acho o Messi bem melhor que você.

AUTOMOBILISMO

Baby, you can drive my car

Se Harrison não curtia bater uma bolinha, talvez seja porque sua atenção estava toda voltada para as pistas de corrida. O Beatle era apaixonado por carros, amigo de várias personalidades do esporte e, volta e meia, aparecia nos GPs. Foi Barry Sheene, campeão do motociclismo, quem lhe apresentou ao pessoal da F-1. A canção ***Faster***, do álbum *George Harrison* (79), é uma homenagem a seus amigos das pistas como Niki Lauda, Jackie Stewart e **Emerson Fittipaldi**.

Um Beatle no Brasil

O brasileiro, por sinal, foi um dos melhores amigos da vida de Harrison. Uma amizade que fez com que George fosse o primeiro Beatle a visitar o Brasil, em 79, para assistir ao **GP em São Paulo**. Pena que ele não aproveitou para fazer um show por aqui, né?

Uma versão só para você

Quando Emerson se recuperava de um grave acidente na **Fórmula Indy**, em 96, Harrison mandou uma mensagem de apoio pelo Programa do Gugu. E ainda tocou uma versão de *Here Comes the Sun* em sua homenagem.

"It's alright, Emerson, Emerson, Emerson Fittipaldi / Hello Emmo, you've been through difficult times these last couple of months / Hello, Emmo. So good to see you well again.

So let's go to the beach and drink 20 caipirinhas each / It's alright, Emerson, Emerson, Emerson Fittipaldi.

Here comes the sun. Here comes Emerson. And I say: we love you."

É do Brasil!

O maior ídolo do Brasil nas pistas, **Ayrton Senna**, também era ídolo de George. No documentário *Anthology*, quando o Beatle está dando um depoimento em sua casa, dá para ver um quadro do Senna na parede. E mais: Dhani Harrison, seu filho, usou o pseudônimo Ayrton Wilbury quando gravou com a banda Traveling Wilburys. Adivinha quem era o homenageado?

Faro para campeão

O jovem **Damon Hill** sofreu no começo da carreira: apesar de seu pai ser bicampeão mundial de F-1, a família vivia sérios problemas financeiros. Enquanto poucos confiavam em seu potencial, Harrison foi seu maior apoiador, inclusive financeiro. Damon tornou-se campeão mundial em 96.

O corredor maluco

O piloto mais Beatlemaníaco que já passou pela Fórmula-1 é o alemão **Sebastian Vettel**. Em 2009, o tricampeão comprou de sua ex-assessora de imprensa um disco de vinil autografado pelos Beatles pela bagatela de U$ 4.000. Em 2012, na RBR, Vettel batizou seu carro de "Abbey".

Mais de Beatles e automobilismo:

- Harrison foi um dos primeiros a possuir um **McLaren** F1, versão para as ruas da equipe. Mas ele teve também a oportunidade de pilotar carros de Fórmula-1 de verdade.

- Paul também já passou por um GP. Foi em 2011, no **GP de Abu Dhabi**, horas antes de fazer um show na cidade.

- Outro amigo que George fez nas pistas foi o repórter **Reginaldo Leme**.

- A última presença de George em corridas foi no GP do Canadá, em 2000.

ESPORTES

EspOrtEs AMERICANOS

Partida inesquecível

Muita gente ainda lembra onde estava na noite de 8 de dezembro de 1980. Principalmente quem estava assistindo ao jogo de futebol americano entre o Miami Dolphins e o New England Patriots. Foi durante a partida que o narrador Howard Cosell deu a notícia da morte de John para o mundo. John já tinha ido ao estádio e **dado uma entrevista** para Cosell em 74.

Number 9, number 9

Entre os muitos barulhos estranhos da música *Revolution #9* (música?), John incluiu uma torcida de futebol americano gritando: "block that kick".

Só para quem pode

Paul já teve a honra de tocar no intervalo da final do futebol americano, assistida por milhões de pessoas. Foi no **Super Bowl** XXXIX, em 2005.

O show histórico

O **Shea Stadium**, local daquele que talvez seja o mais famoso show dos Beatles, era um estádio de baseball em Nova Iorque. Foi demolido em 2009.

De três!

Em 2012, para comemorar os 50 anos do hospital infantil St, Jude Children's Research, no Tennessee, **Michael Jordan** foi uma das celebridades a cantar *Hey Jude* num clipe comemorativo. Felizmente, ele ficou só no "nanana".

ESPORTES

Dono do Time

O dia 17 de setembro seria uma data de descanso para os Fab Four durante sua turnê pelos EUA, em 64. Seria, se o dono do Los Angeles Angels, time de baseball, não quisesse presentear sua filha. Ele pagou uma nota só para a banda tocar em Kansas City. **Jimmy Piersall**, jogador do time que tinha fama de louco, ficou empolgado com a notícia – tanto que apareceu com uma peruca Beatle no meio de uma partida.

Bolas autografadas

Em 66, foi a vez do DC Stadium receber os Beatles. Na ocasião, eles autografaram três bolas de baseball, a pedido de um funcionário do estádio. Anos mais tarde, elas foram a leilão – e é claro que o cara faturou uma grana.

Rock x Jazz

John Lennon x Milles Davis disputando uma partidinha de **basquete**. Improvável, mas aconteceu. No aniversário de John em 71, o jazzista estava entre os convidados e os dois arriscaram alguns arremessos no quintal.

Mais de Beatles e Esportes Americanos:

- Paul já foi algumas vezes assistir a partidas da NBA. Parece que seu time preferido é o New York Knicks.

- O ataque do **Toronto Maple Leafs**, no hockey, tem um canadense e dois atletas de descendência russa. Ganharam o apelido de *Mac & the U.S.S.R.*

- Em 2010, *All Together Now* foi a trilha da marca para um comercial sobre basquete, na versão de Andre 3000, do Outkast.

- Jim Irsay, dono do Indianapolis Colts, do futebol americano, é também dono da guitarra que Harrison tocou na gravação do álbum *Revolver*.

- Quando Gisele Bündchen defendeu o marido **Tom Hardy** por suas más atuações no futebol americano, a imprensa chamou-a de *Yoko Bündchen*.

- Em 68, John e Paul deram entrevista para o campeão mundial de baseball **Joe Garagiola**, que substituía o apresentador principal de um programa.

- No *Anthology*, Ringo aparece com um boné dos **Los Angeles Raiders**, do futebol americano.

LUTAS E ARTES MARCIAIS

Nocaute

Na primeira turnê nos EUA, os Beatles se encontraram com Cassius Clay, futuro Muhammad Ali. O encontro rendeu uma série de fotos hilárias, como a que ele "nocauteia" os quatro Fab de uma vez. Tudo pela publicidade, já que ele se preparava para enfrentar o campeão peso pesado Sonny Liston.

Nas capas

O mesmo **Sonny** foi a um show dos Beatles naquele ano, não gostou e disse que "seu cachorro tocava bateria melhor aquele cara" (pobre Ringo). Bem feito para ele: **apanhou duas vezes** de Muhammad Ali. Ironicamente, Sonny foi um dos atletas que apareceram na capa do *Sgt. Pepper*.

Outros boxeadores

No filme *Candy* (68), Ringo atuou junto com **Sugar Ray Robinson**. E John Conteh, boxeador inglês, está na capa do *Band on The Run*, de Paul.

Contra as tradições

Em 66, os Beatles foram ao Japão para tocar no **Nippon Budokan**, sede do judô nas Olimpíadas de 1964. Muita gente por lá não gostou dessa história de ocidentais se apresentarem num templo sagrado das artes marciais. Azar o deles, porque as garotinhas histéricas de olhos puxados adoraram.

Paz e luta

Se você é um brutamonte e vai lutar em uma arena lotada, sua música de entrada tem de ser um rock, um heavy metal ou pelo menos um hip hop, não é? **Jeff Monson** não pensa assim. No UFC 65, ele mandou tocar a calmíssima *Imagine*. Talvez por isso tenha sido derrotado.

AQUÁTICOS

Tarzan nadador

Outro atleta na capa de *Sgt. Pepper* é **Johnny Weissmuller**. Ele era um grande

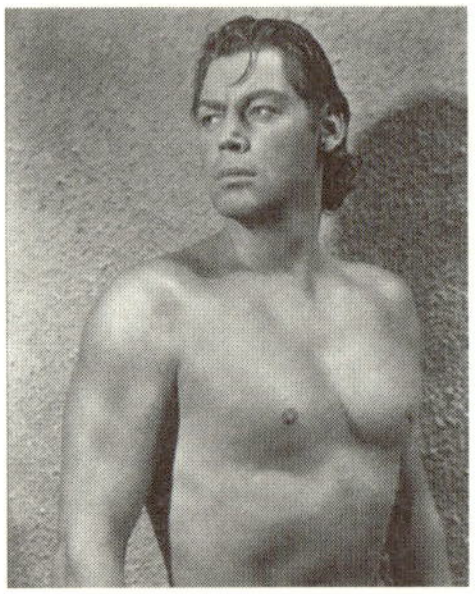

nadador, que por isso ganhou o papel do Tarzan nos filmes da década de 30. Johnny tem cinco medalhas de ouro em Olimpíadas.

Beatles sincronizado

Gemma Mengual, atleta espanhola do nado sincronizado, foi uma das melhores nas piscinas. Sua maior frustação é não ter sido campeã mundial solo, em 2009, quando interpretou *Yesterday*, na voz de Ray Charles.

Atravessando a Faixa

Antes do Jogos de Londres-2012, **Michael Phelps** e outros atletas reproduziram a capa do *Abbey Road* para a campanha publicitária de uma rede de TV americana.

ATLETISMO

Revezamento de Beatle

Durante as gravações do filme *Help!*, os quatro Beatles disputaram uma corrida amistosa de **revezamento** contra equipes formadas pelo *staff* de gravação nos jardins de casa. E mesmo sem o menor preparo físico, os Fab Four venceram. É capaz da galera ter deixado os patrões ganharem.

Maureen ou Maurren

Brasileira medalhista de ouro no salto a distância, **Maurren Higa Maggi** leva um pouco da banda no nome. É que seu pai é Beatlemaníaco e batizou a filha com o nome da esposa de Ringo na época. Só a grafia ficou diferente.

ESPORTES

RADICAIS

Not a Beach Boy

Tirando *Back in the USSR*, os Beatles não eram nada *surf music*. Mas em desenho animado vale tudo: no episódio *From me to You* do ***Beatles Cartoon***, George venceu um duelo sobre pranchas contra um valentão do Havaí.

McCartney e McCoy

O diretor Jack McCoy é o cara dos *surf movies*. Em 2011, Paul permitiu que ele usasse sua canção *This is Love*, do projeto *Fireman*, como trilha sonora de um de seus filmes. O resultado agradou tanto que Macca chamou Jack para dirigir o clipe de *Blue Sway*, do álbum *McCartney II Remaster*.

Radical

Em 2012, Macca participou de um projeto do skatista **Tony Hawk** em prol da construção de parques de skate públicos. Tony cedeu uma de suas tábuas antigas e nela Paul escreveu a letra de *Blackbird*. O objeto arrematou cerca de 27 mil dólares em leilão.

Só para fotos

John foi clicado se equilibrando em cima de um skate nas filmagens de *Help!*. Paul aparece sobre outro no encarte de seu álbum solo *Press to Play* (86) .

ESPORTES

XADREZ

Entre uma gravação e outra

A vida de um baterista às vezes é meio monótona. Enquanto os outros três estão ocupados gravando as melodias, o que você faz? Ringo jogava xadrez! Dizem que, já na época do *Sgt. Pepper*, Ringão era o Kasparov da banda.

Imagine

Em 66, Yoko Ono inaugurou sua obra *Play it by Trust*: um xadrez todo branco, sem distinção de cores nas peças. É uma metáfora para a guerra: se somos todos iguais, é impossível ganharmos um do outro. Na versão original do filme *Imagine* (72), John joga uma partidinha desse jogo com Yoko.

As mãos de Ringo

Por isso mesmo, George encomendou um xadrez especial de presente para ele, em 73. As peças são figuras das mãos de Ringo, incluindo seus anéis. A posição dos dedos de cada peça indica a figura correspondente. Recentemente, uma joalheria londrina vendia uma réplica por meros £15,000.

CRÍQUETE

Lennon criqueteiro

Num intervalo de gravação do filme *How I Won the War* (66), John foi clicado jogando **críquete**, em fotos que só foram aparecer para o público em 2012.

Gravando

Em 92, George gravou *Ride Rajbun*, uma canção sobre coelhos jogadores de críquete, para o álbum infantil *Bunbury Tails*. Bunbury é um time da Inglaterra que, em 2011, organizou um show beneficente com a participação de Ringo.

OUTROS ESPORTES

Só para fotos

Tem esportes que nem se sabe se os Beatles sabiam jogar, mas pelo menos para fotos eles fingiram. Em 63, durante uma sessão em Margate, na Inglaterra, ele posaram jogando **pingue-pongue**. Em 64, quando sua turnê americana passou por Indianápolis, foi a vez deles posarem jogando **golfe**.

Por falar no esporte, o golfista **John Daly** é fã de Beatles. Em 2006, ele lançou sua autobiografia no Cavern Club e aproveitou para cantar um pouco.

Mais Beatles e esportes:

- Sabe o **Curling,** aquele esporte da "vassourinha"? Os Beatles jogaram uma partida disso numa das cenas mais engraçadas do filme *Help!*.

- Rooney Massara, atleta inglês da canoagem, faz uma ponta como remador no filme *A Hard Day's Night*. Já a **esquiadora** australiana Christine Smith ensinou os Beatles a esquiar e fez uma ponta no filme *Help!*.

- Em 69, os Beatles pausaram as gravações de *Golden Slumbers* para ouvir a tenista Ann Haydon-Jones vencer Billie Jean King em Wimbledon.

- **Terry McDermott**, ouro na patinação de velocidade no gelo, participou do *Ed Sullivan Show* com os Beatles.

- **Stella McCartney**, a filha estilista de Paul, já criou linhas para diversos esportes como corrida, tênis, thriatlon, golfe e natação.

ESPORTES

- Nos Jogos de Londres-2012, Macca assistiu a uma partida de vôlei de praia.

- Existe um esporte chamado **ringo**, apesar de não ter nada a ver com a banda. Bem popular na Polônia, é uma mistura de frisbee com vôlei.

- No encerramento das Olimpíadas de Londres-2012, uma equipe de **ginástica artística** se apresentou ao som de *A Day in the Life*.

- No filme *A Hard Day's Night*, o **jogo de cartas** que os Beatles estão jogando antes de cantar *I Should Have Known It Better* parece ser o slapjack.

- Volta e meia, os Beatles jogavam uma partidinha de **pôquer** no hotel. É só digitar "Ringo" e "pôquer" na internet para ver algumas fotos.

OLIMPÍADAS

Londres-2012

Ao ser sede dos Jogos Olímpicos, a capital inglesa não deixaria de reverenciar seus maiores ídolos na música. Por isso, Paul fez um show histórico na cerimônia de abertura, que ainda teve várias outras referências à banda. Macca foi agraciado em dois lindos momentos: no velódromo, o público cantou *Hey Jude*, e no estádio de atletismo, *All You Need is Love*.

John só foi ser citado no encerramento, quando um coral infantil cantou *Imagine* e seu rosto apareceu num mosaico de placas.

Imagine é veterana

É claro que *Imagine*, provavelmente o maior hino da paz do nosso tempo, já tinha tocado antes em Olimpíadas. A primeira vez foi no encerramento da edição de 1996, como tributo às vítimas de um atentado à bomba nos Jogos. A segunda, nas Olimpíadas de inverno de 2006, na voz de Peter Gabriel, logo depois de Yoko Ono ler um poema pela paz.

2. CINEMA E TV

Os Beatles certamente teriam impacto menor na história não fosse a propagação de sua cultura através da transmissão das imagens. Arrisco a dizer – ainda que com propriedade – que o seu programa, filme ou desenho favorito tem alguma relação com os Fab Four. Diante de um universo tão grande, as próximas páginas buscam encontrar relações da banda com os nomes mais importantes da telinha e da telona. E também com os videogames, que se encaixam muito bem no contexto deste capítulo.

CINEMA

Os filmes dos Beatles

Os Fab Four deixaram algumas contribuições para o cinema, inclusive uma curta filmografia: ***A Hard Day's Night*** (64), *Help!* (65), *Magical Mistery Tour* (67), *Yellow Submarine* (68) e o documentário *Let it Be* (69). Já assistiu a todos?

Ringo, o ator; George, o produtor

Em todos esses trabalhos, Ringão era quem mais levava jeito para coisa. Não à toa, ele seguiu carreira, atuando com gente do calibre de Peter Sellers, Marlon Brando, Michael Caine e Bruce Willis.

Já a maior contribuição de Harrison foi sua produtora ***HandMade Films***, criada para financiar *A Vida de Brian* (79),

filme do Monty Python. Nos anos 80, produziu filmes estrelados por Helen Mirren, Jeff Daniels, Bob Hoskins, Jodie Foster, Gary Oldman e Sean Connery, dentre outros.

And the Oscar goes to...

Na academia, os Beatles bateram na trave algumas vezes. *A Hard Day's Night* (64) foi Indicado em duas categorias. Paul concorreu a "Melhor Canção Original", com *Live and Let Die* (73) e *Vanilla Sky* (02). Só *Let It Be*, tema do filme homônimo, é que levou o Oscar de melhor canção em 1970.

Trilhas Sonoras gravadas em Abbey Road

Para ficar em algumas dos filmes mais famosos: *Crepúsculo*, *Os Miseráveis*, *O Discurso do Rei*, *300*, *Tróia*, *Transformers*, *A Rainha*, *O Código da Vinci*, *O Jardineiro Fiel*, *Noiva Cadáver*, *Hugo Cabret*, *Homem de Ferro 2*, *Karatê Kid* (o remake), *Avatar*, *Paixão de Cristo*, *Um Lugar chamado Notting Hill*, *Impacto Profundo*, *Robocop*, *Aliens 2*, *Entrevista com o Vampiro*, *Gangues de Nova Iorque* e, a partir de *O Império Contra-Ataca*, todas as trilhas de *Star Wars*.

STAR WARS

As princesinhas de Liverpool

Princesinhas de uma galáxia muito distante já foram musas das carreiras solos dos Beatles. Aos 16 anos, Carrie Fisher, a Princesa Leia, foi estrela do clipe ***You're sixteen,*** do Ringo. **Natalie Portman,** a Rainha Amidala, participou de dois clipes de Paul: *Dance Tonight* e *My Valentine*.

Lucy in the stars

Lucy Richardson ficou mundialmente conhecida quando descobriu-se que ela era a menina no desenho do filho de John que inspirou *Lucy in the Sky*. Mais tarde, ela trabalhou no departamento de arte de *Star Wars I: A Ameaça Fantasma* (99).

O coadjuvante que encontrou John e Yoko

Anthony Forrest, que fez um pequeno papel em *Star Wars IV*, foi um adolescente destemido. Ele se passou por jornalista escolar para entrar no quarto do Bed-In de John e Yoko, no Canadá.

Mais de Beatles e Star Wars:

- Christopher Lee, o ator que interpretou **Conde Dooku** (que no Brasil mudou de nome para *Dookan* por motivos óbvios), está na capa de *Band on the Run*, do Paul.

- O diretor de fotografia da trilogia original, **Gil Taylor**, foi convidado por George Lucas porque ele adorou seu trabalho no filme *A Hard Day's Night*.

- Sally Bulloch, a irmã do ator do **Boba Fett,** era babá dos filhos do humorista Peter Cook e por isso testemunhou jantares com Paul e John.

- Mark Hamill, o **Luke Skywalker**, dublou o vilão Coringa no desenho animado *Batman; The Animated Series*. Em entrevista, ele disse ter se inspirado nos Blue Meanies, do Yellow Submarine.

- O dublador do **Yoda**, Frank Oz, cantou Beatles na série *Sesame Street*.

- Billy Dee Williams, o **Lando Calrissian**, já cantava *A Taste of Honey* antes dos Beatles fazerem sua versão. É que ele atuava na peça homônima, em cartaz na Broadway em 1961, e até gravou um LP.

CINEMA E TV

JAMES BOND

007 não era fã...

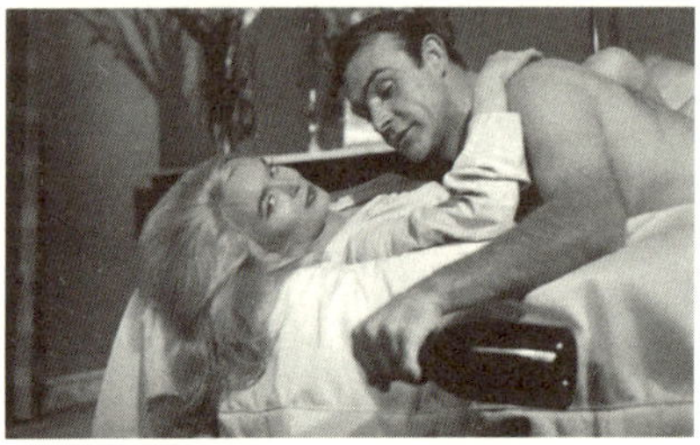

James Bond não curte os Beatles e deixou isso claro em *Goldfinger* (64), quando disse: "Beber um Dom Perignon '53 em temperatura acima de 38° Fahrenheit é tão ruim quanto ouvir os Beatles sem protetor de ouvidos."

...mas os Beatles eram

As cenas de ação do filme *Help!* são bem 007. Não à toa, a versão americana do álbum começa com o tema instrumental de James Bond.

Permissão para matar

Talvez houvesse motivo para essa rixa. Beatles e Bond foram os dois grandes B's do entretenimento nos anos 60. A trilha sonora de *Golfinger* chegou ao topo das paradas americanas e só foi derrubada de lá pelo álbum **Beatles IV**.

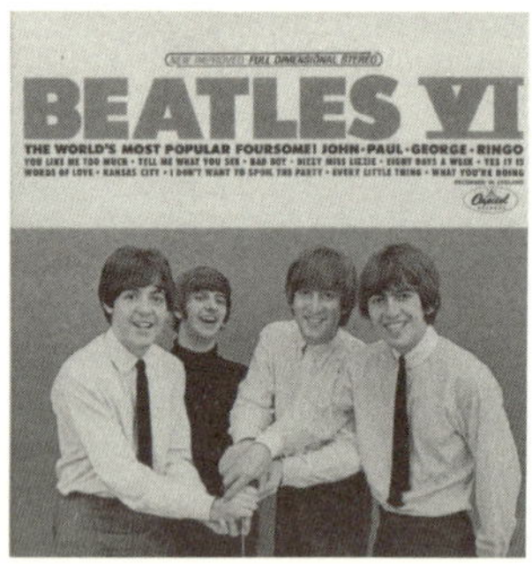

Só que o mundo gira...

...e um dia Bond teve de engolir um Fab Four. Em 73, o filme do agente levou o nome de sua música-tema: ***Live and Let Die***, canção solo de Paul.

E aceitar mesmo!

Barbara Bach, a bond girl de *O Espião que me amava* (77), pode até ter caído nos galanteios do agente no filme. Mas fora das telas, foi com outro britânico que ela casou. O nome dele? Starr, Ringo Starr.

Mais de Beatles e James Bond:

- ***Strawberry Fields*** é o codinome da agente colega de Bond que, claro, dorme com ele em *Quantum of Solace* (08).

- Num episódio do *Beatles Cartoon*, ele disputaram a atenção das meninas com o agente ***James Blonde***. Em outro, encontraram o anão vilão Oddjob.

- **Sean Connery** recitou *In My Life* para o álbum tributo homônimo (98).

- Quer casar, vai para **Gibraltar**. Pelo menos era assim entre as celebridades do final dos anos 60. John e Yoko se casaram lá. Roger Moore também. E Sean Connery gostou tanto que realizou dois casamentos lá.

DIRETORES

Kubeatles

Em 67, Stanley Kubrick tinha protagonistas definidos para filmar O Senhor dos Anéis: Paul e Ringo seriam Frodo e Sam; George, Gandalf; e John, Gollum. Pena que não rolou, porque Ringo ficaria hilário com os pés peludos.

O produtor responsável por **A Laranja Mecânica** (71) antes de Kubrick chegou a cogitar os Beatles para a trilha sonora. No filme, quando Alex vai à loja de discos, dá para ver o *Magical Mistery Tour* na prateleira.

Curtindo Beatles adoidado

Enquanto rodava **Curtindo a Vida Adoidado** (86), John Hughes ouviu o *White Album* por 56 dias seguidos. Talvez por isso o monólogo inicial tenha várias referências. E quem não lembra de Ferris cantando *Twist and Shout*?

Mais de Beatles e Diretores:

- O primeiro filme de Steven Spielberg como produtor executivo foi ***I Wanna Hold Your Hand*** (78), sobre um grupo de fãs da banda.

- Robert Stigwood, diretor de *Sgt. Pepper* (78), trabalhou nos musicais ***Jesus Cristo Superstar*** (73), ***Grease*** (78) e *Embalos de Sábado à noite* (77).

- *The Concert for New York City*, organizado por Paul, teve curta-metragens de Woody Allen, Spike Lee e **Martin Scorcese** – que, aliás, dirigiu a biografia definitiva de Harrison, *Living in the Material World* (2011).

- A mulher de Roman Polanski, **Sharon Tate**, foi assassinada pelo maluco que achava que *Helter Skelter* era uma mensagem para ele.

- Em 2007, **Quentin Tarantino** disse que gostaria de ter Ringo atuando em um de seus filmes. Só não vale colocar o personagem dele para morrer feio, né?

- O arranjo de *Eleanor Rigby* foi inspirado em *Psicose* (60), de **Hitchcock**.

CINEMA EM GERAL

O Pequeno Bruxo

Os atores dos filmes de Harry Potter são cheios de ligações Fab. **Ian Hart**, o Prof. Quirrel, já foi John Lennon em dois filmes: *The Hours and Times* (91) e *BackBeat* (94). **Robbie Coltrane**, o Hagrid, atuou em *Nuns on the Run* (90), filme da produtora de George. E Richard Harrison, o Dumbledore, que em 1964 já era um ator famoso, visitou o camarim de um show dos Beatles.

Sempre que pode

Tom Hanks é outro que vive puxando sardinha para os Fab. Como em *Forrest Gump* (94), quando seu personagem é entrevistado ao lado de John. Seu filme mais Beatlemaníaco foi ***That Thing You Do*** (96), em que atuou e que também dirigiu, sobre a história de uma banda bem parecida com os Beatles.

Hanks também participou do *Concert For George* e hoje está envolvido no projeto de um filme sobre a vida do empresário dos Fab Four, Brian Epstein.

As musas

Brigitte Bardot era a musa da infância de John. Mas quando a conheceu pessoalmente, anos mais tarde, ele ficou decepcionado. Outra diva que eles conheceram foi **Elizabeth Taylor**, de quem ficaram mais próximos.

Mia Farrow esteve com a banda na Índia e sua irmã inspirou *Dear Prudence*. O filme *O Bebê de Rosemary* (68), do qual foi protagonista, foi rodado no Dakota Center, prédio onde John morava quando foi assassinado.

Mais de Beatles e Cinema:

- Outras celebridades da telona que também andaram atraídas pelo Maharishi foram **Clint Eastwood,** Eddie Albert e Heather Graham.

- No começo da carreira, os Beatles tocavam *Over the Rainbow*, a famosa canção do filme ***Mágico de Oz***.

- Em 63, os Beatles faltaram a uma sessão de fotos para a capa da revista *Life*. Em seu lugar, entrou a atriz **Geraldine Chaplin**, filha de Charlie Chaplin.

- O filme ***Lizstomania*** (75), com Ringo, desbancou o relançamento de clássico *E O Vento Levou...* nos cinemas.

- A mãe de **Schwarznegger** desconfiou que ele era gay por causa dos pôsteres de fisiculturistas em seu quarto. Para acalmá-la, o médico lembrou que outros jovens faziam o mesmo com cartazes de Beatles.

- **Terry Southern**, que está na capa do *Sgt. Pepper*, colaborou nos roteiros de *Dr. Fantástico, Sem Destino* e *Barbarella.*

- Goldie Hawn e **Jim Carrey** cantaram Beatles na coletânea *In My Life* (98). Eddie Murphy regravou *Good Day Sunshine* no álbum *Love's Alright* (93)

- Em 2011, Liam Galagher, do Oasis, planejava filmar a história da banda e **Johnny Depp** estava cotado para o papel de Derek Taylor, publicitário dos Beatles.

- Paul compôs *(I Want to) Come Home* para o filme ***Everybody's Fine*** (09) com Robert De Niro, Drew Barrymore, Kate Beckinsale e Sam Rockwell.

- Antes de conhecer Paul, Linda foi namorada do astro **Warren Beatty**.

- **Jude Law**, cujo nome vem de *Hey Jude*, tatuou os versos de *Sexy Sadie*.

- Vários atores aparecem nos shows de Paul em *Back in The US* (2002). Dentre eles: Sylvester Stallone, **Steve Buscemi**, Penelope Cruz e John Cusack.

- **Marlon Brando**, o Poderoso Chefão, é um dos vários atores na capa do *Sgt. Pepper*, que inclui ainda Fred Astaire, Marilyn Monroe, Huntz Hall, Shirley Temple, Tony Curtis e outros.

- Michael Jackson comprou o catálogo Lennon/McCartney quando o então proprietário foi à falência produzindo o filme-fracasso ***Raise the Titanic*** (80).

Menções legais aos Beatles em filmes:

500 dias com ela (2009) – **Zooey Deschanel** diz que gosta do Ringo justamente porque "ninguém gosta dele". Maldade...

A Partilha (2001) – Paloma Duarte dá o White Album para Guta Stresser.

A Rocha (95) – Nicholas Cage prefere comprar um LP dos Beatles pela qualidade do som ser melhor do que em CD.

Apollo 13 (95) – A filha de um dos astronautas mostra o álbum *Let it Be* quando fala com seu pai no espaço.

Austin Powers (97) – A cena inicial é baseada em *A Hard Day's Night*.

Bater ou correr em Londres (2003) – **Owen Wilson** diz que quer três netos: Vera, Chuck e Dave, assim como na música *When I'm Sixty-Four*.

Bean (97) – Mr. Bean sai do bar com um amigo bêbado cantando *Yesterday*.

Beleza Americana (99) – *Because* é tocada no final do filme.

Bom Dia, Vietnã (87) – Robin Williams puxa o álbum *Help!* para tocar.

Debi & Lóide (94) – Jim Carrey diz que The Monkees "foram uma grande influência para os Beatles".

Deus é Brasileiro (2003) – Paloma Duarte aparece (nua, vale a pena ressaltar) com um LP do *Let it Be* ao fundo.

Dirty Dancing (87) – Quando Jennifer Grey está falando sobre seu verão de 63, ela diz "Mas isso foi antes dos Beatles aparecerem..."

Homens de Preto (97) – **Will Smith** descobre que existe um novo formato

de música e exclama "Então vou ter que comprar o Álbum Branco de novo"
.

Hook (91) – A avó de Wendy tem um pôster de *A Hard Day's Night* na parede e um travesseiro com estampa dos Beatles na cama.

Independence Day (96) – Quando os alienígenas começam a atacar a Terra, Judd Hirsch cita *All You Need Is love.*

Kate & Leopold (2001) – Meg Ryan conhece Hugh Jackman e pergunta: "Quem você pensa que é, o Sgt. Pepper"?

Michael (96) John Travolta, que no filme é um anjo, faz uma referência a "John e Paul". Quem, os apóstolos? "Não. Os Beatles."

Meu Primeiro Amor (91) – Macaulay Culkin diz que é "muito fã do Ringo".

Moulin Rouge (2001) – *All You Need is Love* é uma das várias canções interpretadas por **Ewan McGregor** e **Nicole Kidman**.

Mudança de Hábito (92) – Quando perguntam para Whoopi Goldberg qual o nome dos discípulos, ela responde: "John, Paul, George e Ringo".

O Mensageiro (97) – O presidente dos EUA se chama Richard Starkey.

O Curioso Caso de Benjamin Button (2008) – Brad Pitt vê os Beatles tocarem ao vivo no Ed Sullivan Show pela TV.

O Quarto do Pânico (2002) – Para distrair sua filha de uma crise de diabetes, Jodie Foster pede que ela lembre seus álbuns preferidos dos Beatles.

Os Inflitrados (2006) – Jack Nicholson pergunta a Leonardo Di Caprio se ele conhece John Lennon.

Poltergeist (82) – Para acalmar a esposa, Craig Nelson canta *If I Fell.*

Project: Alf (96) – O "E.Teimoso" confunde Ringo com Yasser Arafat. Faz sentido, né?

Pulp Fiction (94) – Samuel L. Jackson chama Tim Roth de Ringo, por causa de seu sotaque britânico.

Quase Famosos (2000) – Kate Hudson chama-se Penny Lane.

Rain Man (88) – Dustin Hoffman e Tom Cruise cantam *I Saw Her Standing There* no banheiro.

Simplesmente Amor (2003) – O filho de Liam Neeson pendura a placa "Ringo Rules" na porta do quarto. *All You Need is Love* toca num casamento e Hugh Grant também os menciona em seu discurso como Primeiro Ministro.

Superbad (2007) – Jonah Hill diz que quando olhou para um ex-namorado bonitão de sua amada foi como "ver os Beatles pela primeira vez".

Tiros em Columbine (2002) – *Happiness is a Warm Gun* faz parte da trilha.

Top Secret (84) – Lembra do cavalinho cantando *A Hard Day's Night*?

Uma Lição de Amor (2001) – Um lindo filme com **Sean Penn** e Michelle Pfeiffer, cheio de referências à banda e com trilha sonora Fab Four.

Vanilla Sky (2001) – A canção-título do filme é de Paul. Talvez por isso, o personagem de Kurt Russel diga que seu preferido era John e agora é Paul.

Wayne's World (92) Mike Myers vai a um show dos "The Shitty Beatles".

SERIADOS

Tinha de ser ele

Sabe a música que a turma de ***Chaves*** cantou em Acapulco? A melodia dela é baseada em *Good Night*, do *White Album*. Outro momento Beatles acontece no *Chapolim*, quando o ator do Quico canta *Do You Want to Know a Secret?*

E veja só você: German Valdés, irmão do ator do Seu Madruga, iria aparecer na capa do *Sgt. Pepper*, mas pediu para ser substituído por uma árvore.

No espaço

Em 76 foi noticiado que o criador de *Star Trek* trabalharia num musical de ficção científica para Paul e os Wings. Na série, algumas referências à banda já apareceram, como o nome do episódio *Inner Light* (92). William Shatner, o **Capitão Kirk**, fez o pior cover da história para *Lucy in the Sky*, em 68.

Os Beatles do Humor

Os **Monty Phyton** eram amigos da banda. Ringo apareceu no *Flying Circus* e George produziu e atuou no filme *A Vida de Brian* (79). Eles também criaram *The Rutles*, uma paródia da banda, e cantaram no *Concert for George*.

Os Beatles dos EUA

Nos anos 60, a NBC criou ***The Monkees***, uma série sobre uma banda ao estilo dos Fab Four. Deu bem certo e eles viraram uma banda de sucesso.

Fica a dica, Ross

Todos os ***Friends*** que foram até o altar ouvindo Beatles se deram bem. Monica e Chandler casaram ao som instrumental de *My Love*, do Paul. Phoebe foi mais tradicional e escolheu *Here, There and Everywhere*.

Outras de humor

Prudence, a personagem que Megan Fox interpretou em ***Two and Half Men***, dizia que *Dear Prudence* foi escrito para ela. Carlton, de *Um Maluco no Pedaço*, já apareceu cantando *Silly Love Songs* e *Ebony and Ivory*, desengonçado como sempre.

Em ***The Big Bang Theory***, *Be My Yoko Ono*, do Barenaked Ladies, foi trilha do episódio em que Sheldon larga os amigos por uma garota. O protagonista de ***That 70's Show*** também reclamava de sua banda ter acabado por causa de "uma Yoko". ***Seinfield*** disse que encerrou sua série inspirado nos Beatles, que também acabaram no auge. Seu personagem tinha um imã dos Fab Four na geladeira.

Mais de Beatles e seriados:

- Os personagens de ***Glee*** fizeram versões de *Imagine, Blackbird, In My Life* e *Hello Goodbye*, dentre outras. Já ***Mad Men*** preferiu ter a versão original de *Tomorrow Never Knows* e para isso pagou a bagatela de U$ 250 mil.

- *Gilmore Girls* teve um episódio chamado *Here Comes the Son*. *Buffy, a Caça Vampiros* e *Sanctuary* tiveram um episódio juntos, cujo nome era *O Fator Yoko*. E ***Mad About You*** teve *Yoko Said*, com participação da própria.

- Logo no 3º episódio de ***Prison Break***, os personagens fazem referências a *All You Need is Love* e *We Can Work it Out*.

- O protagonista de ***Dawson's Creek*** tem um pôster de Lennon no quarto.

- Charlie, de *Lost*, tem a tatuagem "Living is easy with eyes closed" no braço.

- ***Arquivo X*** já teve uma pista que era a letra de *I am the Walrus*.

- *Blackbird* era a música favorita de um paciente em ***Plantão Médico.***

TV BRASILEIRA

Apresentadores

Toda vez que os calouros de **Silvio Santos** entravam no palco, um pedacinho dos Fab Four tocava na sua TV. É que a música ("*Pedro de Lara-rá-rá...*") é versão de *Those Were The Days*, de Mary Hopkins, produzida por Paul. Que eu saiba, o patrão nunca abriu o baú para pagar direitos autorais.

No ***Faustão***, "a volta dos Beatles" foi eleita o melhor momento de 95 pelo Troféu *Melhores do Ano*, por causa do *Anthology*. Já vimos também que George apareceu no *Gugu* para falar de Fittipaldi. E, na passagem do vegetariano Paul pelo Brasil em 2010, **Ana Maria Braga** cometeu a gafe de dedicar a ele o prato "carne espiritual". Acorda, menina!

Luciano Huck e **Rodrigo Faro** já se vestiram de Beatles em seus programas. O sexteto do Jô Soares vive abrindo os blocos com instrumentais dos Fab Four. Otavio Mesquita comemorou seus 53 anos com uma festa temática de Beatles. E Lucas Jagger, o filho de Luciana Gimenez com o Rolling Stone, conhece o Paul. Você, não.

Jornalistas

Ela é jornalista, apresentadora, atriz e entrevistou Macca quando ele veio ao Brasil em 93. É **Marília Gabriela,** claro. Seu companheiro de profissão, **William Bonner**, ficou todo emocionado quando esbarrou com Paul em Nova Iorque. E por causa da paixão de Harrison pela Fórmula-1, o Beatle fez amizade com Reginaldo Leme.

Curtinha, mas indispensável

Vera Fischer foi expulsa de um colégio de freiras por escrever uma redação em que mantinha relações sexuais com os Beatles. Que coisa!

Fãs da telinha

Stephany Britto tatuou os versos de *The End*. Para descobrir outros fãs, é só ver as listas VIPs em shows do Paul e eventos do tipo:

Camila Pitanga, Danielle Winits, Deborah Secco, Fernanda Torres, Giulia Gam, Juliana Paes, Lília Cabral, Luana Piovani, Malu Mader, Mauro Mendonça, Murilo Rosa, Patrícia Pillar, Patricia Poeta, Rosamaria Murtinho e Thiago Lacerda.

Humor

O primeiro filme de **Didi** e **Dedé** foi *Os Trapalhões na Onda do Iê Iê Iê* (65), uma paródia à Jovem Guarda e sua influência Beatlemaníaca. O elenco ainda contou com Mario Lago, Leila Lopes e Chacrinha.

Os Beatles já foram zoados de todas as maneiras pela *TV Pirata*, ***Casseta e Planeta***, *Os Caras de Pau* e até por *A Praça é nossa*. No *Zorra Total* ainda não, mas **Samanta Schmütz** foi líder da banda Mulheres Cantam Beatles.

E a TV Tupi, no final dos anos 60, teve uma série chamada *Os Reis do Iô-Iô-Iô*, que depois se tornaria a novela *Os Rebeldes* (67). O elenco de ambas tinha Tony Ramos, Dennis Carvalho, Ana Rosa e Elias Gleiser.

Seriados e minisséries nacionais

Se você prestava atenção na abertura de ***Anos Rebeldes*** (92), deve ter visto que um desenho dos Beatles aparecia nela. Já em *Parabéns pra Você* (83), *Hey Jude* era o tema musical. Em *Dom Camilo e Seus Cabeludos* (72), da TV Tupi, Ney Latorraca interpretava um hippie chamado Ringo. E a inesquecível ***Armação Ilimitada*** vivia colocando Beatles na trilha sonora.

Novelas

Bang Bang (2005) tinha os personagens Penny Lane, John McGold, Paul Bullock e Yoko McBullock. O hippie de José Mayer em *A Favorita* (2008) tinha um pôster do *Revolver* na sala. E o edifício de *Tempos Modernos* (2010) foi inspirado num projeto que o Maharishi queria fazer em São Paulo.

E como não lembrar de ***Top Model*** (89), a novela mais Beatlemaníaca da TV? Gaspar (Nuno Leal Maia), que quando jovem teve uma banda chamada *Os Besouros*, batizou dois de seus filhos como Ringo e John Lennon. E a versão em português de *Hey Jude* que era tema da novela bombou no país inteiro.

Outras novelas com Beatles na trilha:

Beto Rockefeller (69) – Na primeira vez que foi trilha de novela, a banda ainda existia. Era *Here, There and Everywhere,* na versão original.

A volta de Beto Rockefeller (71) – *Monkberry Moon Delight* / Exuma

Selva de Pedra (72) – *Demais* (*Yes It Is*) / Veronica Sabino

Marrom Glacê (79) – *Help!* / Caetano Veloso

Cavalo Amarelo (80) – *Here, There And Everywhere* / Rod McKuen

Brilhante (81) – *De Leve* (*Get Back*) / Lulu Santos

Vida Roubada (83) – *Feche os Olhos/Menina Linda/Ana* (*All My Loving/I Should Have Known it Better/Anna*) / Renato e Seus Blue Caps

Partida Alto (84) – *Help!* / Tina Turner

Vereda Tropical (84) – *Here, There and Everywhere* / Billy Preston

Corpo a Corpo (84) – *Too Late For Goodbyes,* / Julian Lennon, filho de John

Carmem (87) – Yesterday / Beatles

Pantanal (90) – *No Mundo dos Sonhos* (*Pepperland*) / Robertinho do Recife

Perigosas Peruas (92) – *Eu Te Amo* (*And I Love Her*) / Zezé di Camargo e Luciano

A Viagem (94) – *Twist & Shout,* / Chaka Demus & Pliers

Salsa e Merengue (96) – *Quando te vi (Till There Was You)* / Simony

Meu Bem Querer (98) – *Ticket to Ride* / Coral das Meninas de Petrópolis

Pecado Capital (98) – *Stand By Me* / The Cause

Laços de Família (2000) – *Girl* / Terra Molhada

Estrela Guia (2001) – *Imagine* / Paulo Ricardo

As Filhas das Mãe (2001) – *Pra Você Eu Digo Sim (If I Fell)* / Rita Lee

O Clone (2001) – *Mi Grande Amor (And I Love Her)* / Jose Alberto "El Canario"

Coração de Estudante (2002) – *Sgt. Pepper* / Cássia Eller

Desejos de Mulher (2002) – *Minha Vida (In My Life)* / Rita Lee

Como uma Onda (2004) – *Pra você Eu digo sim (If I Fell)* / Cintia e Dan

O Profeta (2006) – *I Need You* / Liverpool Kids

Duas Caras (2007) – *Yesterday* / Liverpool Kids.

Caras e Bocas (2009) – *Stand By Me* / Seal

Morde e Assopra (2011) – *My Love* / Corinne Bailey Rae

Avenida Brasil (2012) – *The Glory of Love* / Paul McCartney

REALITY SHOWS

Confinamento

O pessoal do ***Big Brother Brasil*** não tem cara de quem curte Beatles, né? E a maioria não gosta mesmo. O BBB10 teve festa com decoração *Yellow Submarine* e show de banda cover, mas a galera não se empolgou. Vale lembrar que Pedro Bial, outro Beatlemaníaco, entrevistou Paul em 89 e apresentou o *Anthology* no Brasil, em 95.

A Fazenda 3 também teve festa com banda cover dos Beatles. Como alguns músicos participam do programa, toda edição tem um peão cantarolando Fab Four. E Na *Casa dos Artistas* 1, Supla, Alexandre Frota e cia. cantaram *Happy X-Mas* na versão em português. Boa, papito!

Musicais

Várias edições do *American Idol* tiveram semanas especiais dedicadas aos Beatles. A vencedora da primeira edição, **Kelly Clarkson**, quebrou o recorde da banda de salto de posições na parada da *Billboard*: do 52° para o 1° lugar.

Já **Susan Boyle**, do *Britain's Got Talent*, igualou outro recorde dos Beatles com seu primeiro CD: ser #1 nos EUA e Reino Unido ao mesmo tempo.

No Brasil, sempre pinta uma música Fab na voz de participantes de programas como *Fama*, *Ídolos* e *The Voice Brasil*.

Mais de Beatles e reality shows:

- Nunca ouviu Roberto Justus, ex-*O Aprendiz*, cantando Beatles? Sorte sua.
- John Lennon da Silva é o nome do jovem dançarino de balé que foi sucesso no *Qual é o seu talento?*, do SBT e na internet.
- Paul fez o show da final do ***X-Factor*** de 2009.

DESENHOS ANIMADOS E INFANTIS

Beatles em cartoons

No auge da Beatlemania, os Fab Four tiveram seu próprio desenho animado. Chamava-se *The Beatles*, mas ficou mais conhecido como ***The Beatles Cartoon***. De 65 a 67, foram produzidos 39 episódios, exibidos no Brasil ainda em preto e branco pela TV Tupi. Em 68, os Beatles voltariam aos desenhos animados em *Yellow Submarine*.

O Animador

Se é pra ligar a banda ao mundo dos desenhos animados, Ron Campell, responsável pelos dois projetos do tópico anterior, já faz a conexão com vários deles. Ele trabalhou em ***Flinstones***, *Jetsons*, *Smurfs*, *Scooby-Doo*, *Os Anjinhos* e muitos outros clássicos da sua infância.

Ringo Herbert Richards

A voz de Ringo tem um apelo todo especial com as crianças. Por isso, de 84 a 86, ele narrou ***Thomas e seu amigos***, série animada sobre um trenzinho. Em 89, dublou o infantil *Shining Time Station* e, em 2000, os *Duck Brothers*, de *Coragem, o Cão Covarde*.

Para 2013, está prevista sua participação nas ***Meninas Superpoderosas***, dublando um matemático que canta *Eu queria ser uma Garota Superpoderosa*. Pô, Ringão...

As bandas animadas

Desenhos acompanham sua época. Por isso, na pegada musical dos anos 60, a *Hanna-Barbera* lançou as bandas *Tutubarão, Josie e as Gatinhas* e ***Os Impossíveis***. Repare bem se o Homem-Fluído não lembra o Paul e o Multi-Homem se parece bastante com John.

Fantoches

A série ***Os Muppets*** nasceu na época da Beatlemania e já cantou várias músicas Fab ao longo do tempo.

Os produtores até convidaram membros da banda para aparecer, mas só George Martin deu as caras, em 89.

Pepe e **Caco Sapo** tiveram a companhia de Ringo para cobrir o Grammy Awards, em 2008. Mas o Sapo teve honra ainda maior em 2002, quando cantou *Hey Jude* com Paul McCartney num show em homenagem à Rainha. Aposto que a porquinha Piggie estava assistindo e suspirando...

Em 81, ***Vila Sésamo***, a turma do Garibaldo, fez uma das melhores paródias de

Beatles. ***Letter B*** era uma versão engraçadinha para *Let it Be* que falava somente sobre palavras com a letra B.

Para crianças crescidas

Menções ao Fab Four pipocam nos ***Simpsons*** a toda hora. Já vimos que Homer teve uma banda com a mesma trajetória deles, que Ned Flanders é Beatlemaníaco e que Paul e Linda até deram conselhos vegetarianos para Lisa. Tanto eles, quanto George e Ringo, dublaram seus próprios personagens.

A ***Família da Pesada***, outro desenho que zoa tudo, também não perdoou a banda. Segundo a série, Stewie foi o "culpado" por apresentar John à Yoko e Peter Griffin foi segurança de Harrison. Sem contar a hilária cena em que Ringo diz à banda que compôs uma canção e os demais integrantes desconversam para fugir do assunto.

No *South Park*, o destaque vai para o episódio *The Tale of Scrotie Mr. Boogerballs*, quando o garoto Butters lê o livro *O Apanhador de Sonhos* e fica decidido a matar John Lennon. Só quem morre é o Kenny, claro.

Ê Patrick!

Lá do fundo do mar, ***Bob Esponja*** também tem suas ligações com o pessoal de Liverpool. A série já teve um episódio com o nome *A Life in a Day* e outro *Krabby Road.* O CD da trilha sonora do desenho foi batizado de *The Yellow Album* (2005).

Desenhos cantam Beatles

Alvin e os Esquilos gravaram *The Chipmunks Sing the Beatles Hits* (64). **Pernalonga** e sua turma lançaram o álbum *Bugs Bunny & Friends Sing The Beatles* (95). Em 2000, saiu ***Snoopy*** *Classik's: Beatles* com as músicas sendo tocadas em instrumentos infantis e cantadas por crianças. Fofo.

Mais de Beatles e Desenhos Animados:

- A primeira série para TV do marinheiro ***Popeye*** foi produzida pelo King Features Studio, o mesmo que mais tarde faria o Beatles Cartoon.

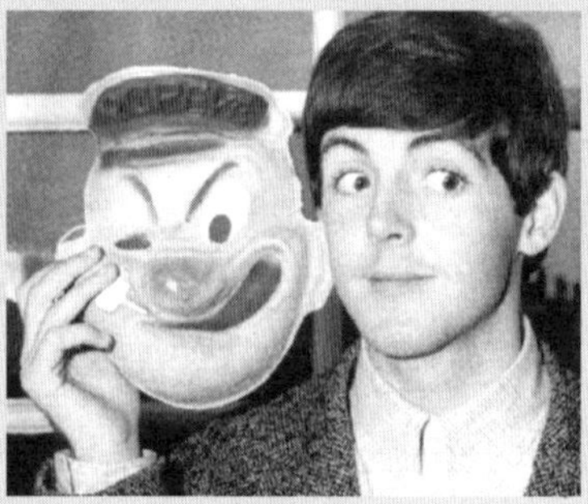

- Enquanto os Beatles gravavam *Think For Yourself*, Paul cantou a musiquinha clássica do *Pica-Pau*. Dá pra ouvir em bootlegs.
- Paul emplacou *Live and Let Die* na trilha do terceiro filme de *Shrek* (2007). Ele ainda foi sondado para dublar o mercador de poções no quarto filme.
- Nos estúdios Abbey Road, foram gravadas as trilhas sonoras de ***Um Conto Americano*** (do ratinho Fievel), *Fuga das Galinhas, Os Anjinhos em Paris* e *Toy Story 3*.

- Outros desenhos que já fizeram menção aos Beatles: ***Pinky e Cérebro***, *Animaniacs, Space Ghost de Costa a Costa, Tom e Jerry, Os Flinstones, Meninas Super Poderosas, Doug, Piu-Piu e Frajola* e *Zé Colmeia*.

DisneY

O menino lobo

Brian Epstein, empresário da banda, andou negociando uma participação dos Beatles em *The Jungle Book* (67), o filme do Mogli, para dar voz aos **abutres cantores**. A banda não concordou com a ideia mas, mesmo assim, você pode reparar que eles saíram bem ao estilo Beatle, com corte de cabelo e tudo.

As inspirações

A mãe de John cantava para ele *I'm Wishing*, uma música da **Branca de Neve**. *Do You Want to Know a Secret* foi inspirada nos primeiros versos dela. Branca também aparece na capa do *Sgt. Pepper*, em forma de estátua.

A primeira inspiração de Paul para sua luta em defesa dos animais foi a morte da mãe de Bambi pela arma de um caçador. A história é triste, né?

Mais de Beatles e Disney:

- Numa edição em quadrinhos italiana, **Pateta** vai parar no lugar de Ringo na bateria dos Beatles. Depois, ele e **Mickey** têm de desfazer a confusão.

- Ringo sabe imitar o Pato Donald! Ele mostrou isso durante a aparição da banda no programa *Ready Steady Go!*, em 63.

- O último a assinar o contrato de rescisão da banda foi John Lennon. Ele assinou quando estava na **Disney World**, em 29 de dezembro de 1974.

- *Fantasia 2000* (99), a continuação do clássico, originalmente seria composta de versões orquestradas de canções Fab.

- Em 2009, a Disney queria fazer uma versão 3D do desenho ***Yellow Submarine***, com direção de Robert Zemeckis, mas o projeto foi engavetado.

VIDEO GAME

Rock Band

Em 2009, a Eletronic Arts apostou nos Fab Four para a primeira edição do Rock Band totalmente dedicada a uma banda. ***Rock Band: The Beatles*** (2009), que vendeu mais de 3 milhões de cópias, é incrível tanto em gráficos quanto em jogabilidade (sem falar na trilha sonora). O Xbox 360 ainda teve uma edição limitada em que o console era customizado com o tema do jogo.

8-bits

O primeiro game sobre a banda era bem diferente: *Beat the Beatles* (83), apenas um quiz para o Atari. Um tédio! Nessa época, era bem mais legal jogar *Bomb Jack* (84), que tinha *Lady Madonna* na trilha, ou *Mikie* (84), com *A Hard Day's Night* e *Twist and Shout*.

Outras contribuições

Além do Rock Band, Paul trabalhou na trilha sonora de ***Destiny*** (dos mesmos produtores de *Halo*) com lançamento previsto para 2014. Ringo também deve dar sua contribuição aos videogames em breve: em 2011, ele registrou seu nome em uma patente de softwares de jogos de computador.

Em Abbey Road foram gravadas as trilha sonoras de jogos como *Call of Duty*, *Killzone*, *Far Cry*, ***God of War***, *Uncharted*, *L.A Noire* e *Diablo*.

Mais de Beatles de video games:

- Nobuo Uematsu, compositor das memoráveis trilhas da série ***Final Fantasy***, é fã declarado da banda.
- Graças a desenvolvedores anônimos, dá pra jogar *The Sims* usando os Beatles como personagens.

APARIÇÕES LEGAIS DE BEATLES EM VIDEO GAMES

Sonic, The Hedgehog (91) – A SEGA nunca confirmou, mas o maior vilão da série, Dr. Eggman, além de ter esse nome, é a cara de uma morsa.

EarthBound (94) – A turma de Ness passa por um submarino amarelo, ouve Beatles na trilha sonora e ainda responde a um quiz assim: "XXXterday: qual é a música dos Beatles?". Esse devia ser o modo *easy*, né?

Tony Hawk Pro Skater 2 (2002) – Uma manobra é chamada *Day Tripper*. Mesmo nome de uma missão de ***Fall Out: Las Vegas*** (2010).

Warcraft III: Reign of Chaos (2002) – Ao ser selecionado, um personagem diz "Eu sou o quinto Beatle". Durante a série, outros personagens chamam-se *Ringo* e *Michelle Belle*.

The Legend of Zelda: The Wind Waker (2003) – O personagem *Beedle*, que usa um penteado *moptop*, é apaixonado por besouros.

Mario Party 5 (2003) – Um minigame dentro do jogo chama-se *Twist'n'Out*.

Mario vs Donkey Kong: March of the Minis (2006) – O título faz alusão à música *March of the Meanies*, do *Yellow Submarine*.

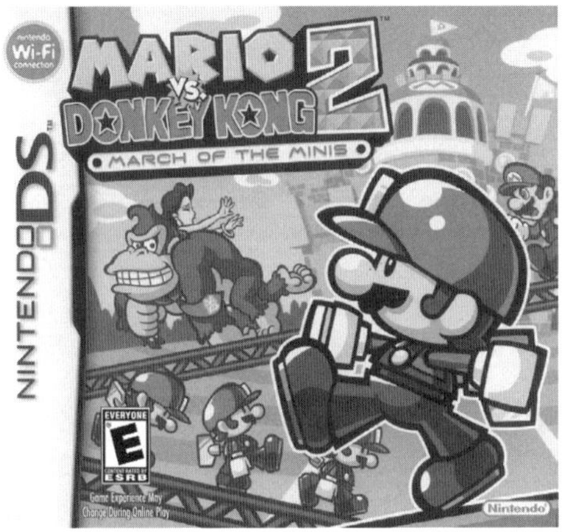

No More Heroes (2008) – Um personagem chama-se *Helter Skelter*. Na sequência *No More Heroes 2* (2010), quem aparece é seu irmão *Skelter Helter*.

Left for Dead 2 (2009) – Um troféu chama-se *A Spittle Help From My Friends*.

Call of Duty: Black Ops (2010) – Um oficial é chamado *Sergeant Pepper.* O mesmo acontece na série *Star Fox.*

Pokemon Black and White (2011) – John Lennon aparece para dizer que toca violão e faz batalhas de Pokemon todo dia.

CINEMA E TV

3. OUTRAS ARTES

A veia artística dos quatro rapazes de Liverpool era acentuada demais para se resumir à música. Assim, todos eles procuraram dar vazão a seus talentos também em outras formas de arte, como a pintura ou a literatura. Mas de tão grandes que se tornaram, os Beatles acabaram também se tornando uma referência para a arte, e por isso foram pintados, esculpidos e interpretados. Mesmo sabendo que a linha que separa uma arte da outra é tênue, este capítulo categoriza as manifestações artísticas para encontrar a marca dos Fab Four em cada uma delas.

LITERATURA

A obra definitiva

Tanta gente já escreveu sobre os Fab Four que dá até para criar um *1001 livros de Beatles pra ler antes de morrer*. Mas o livro indispensável para fãs é o ***The Beatles Anthology*** (2000), cheio de material extra em relação aos DVDs.

Lennon, o poeta

Quando o primeiro livro de prosa e poesias de John, ***In His Own Write*** (64), foi publicado, ninguém dava muito por ele. Mas o sucesso não ficou só entre os fãs: a crítica elogiou o talento do autor Beatle. Ele ainda lançou *A Spaniard in the Works* (65) e a obra póstuma *Skywriting by word of mouth* (86).

Outros Beatles autores

Os demais Fab não foram tão dedicados à literatura. Paul contribuiu com prólogos de outros autores, livros de receitas e de pintura. Ringo publicou ***Postcards from the boys*** (2004) com os cartões postais que recebia dos outros Beatles. E George escreveu sua autobiografia *I Me Mine* (80).

Ser ou não ser um Beatle?

Em 64, **Shakespeare** ganhou uma interpretação feita pelos Beatles para um especial de TV. A banda encenou uma versão cômica de *Sonho de uma Noite de Verão*. Os diálogos de *Rei Lear* também podem ser ouvidos em *I am the Walrus*.

Na toca do coelho

John era fã de ***Alice no País das Maravilhas***. Por isso, incluiu o autor Lewis Caroll na capa de *Sgt. Pepper*, se inspirou num conto do livro para compor *I Am The Walrus* e em outro para *Lucy in the Sky*. Em 1985, Ringo ainda participou de uma minissérie sobre a história, interpretando a tartaruga.

Autores citados

I am the Walrus é mesmo a canção Beatle mais ligada à literatura. Afinal, embora **Edgar Allan Poe** já tivesse aparecido na capa de *Sgt. Pepper*, quem não lembra dele sendo chutado por pinguins nessa música? Em *I'm So Tired*, John ainda amaldiçoa outro autor, o poeta Sir Walter Ralleigh.

Spoken word

Dentre os álbuns abortados pela *Zapple Records,* selo da Apple para trabalhos experimentais e de recitais, havia um de poemas escritos e gravados por **Charles Bukowski**. O selo foi fechado antes que o álbum saísse, e o trabalho só foi vir a luz em 97, sob o nome *King of Poets*.

Outros autores que chegaram perto de fechar com o selo foram Ken Kesey, Richard Brautigan, Lawrence Ferlinghetti e o beatnik Michael McClure.

Beats e Beatles

Por falar em Beatniks, não dá para esquecer desse movimento que influenciou até o nome da banda. **Allen Ginsberg** encontrou os Beatles algumas vezes (inclusive quando fumaram maconha com Bob Dylan). Amigo de John, ele participou da gravação de *Give Peace a Chance*. E, em 95, gravou sua poesia *Balada dos Esqueletos* com Macca.

William S. Burroughs não só aparece na capa do *Sgt. Pepper*, como estava com Paul enquanto ele compunha *Eleanor Rigby*. E todos os quatro Beatles tinham uma cópia de *Call Me Burroughs* (65), seu álbum-recital.

O poeta Royston Ellis teve uma de suas namoradas como inspiração para *Polythene Pam*. Já sobre o maior expoente da turma, **Jack Kerouac**, há poucas referências. Mas de acordo com biografias do autor, John leu *On the Road* (57) durante os tempos de escola e chegou a procurá-lo depois de famoso.

Outros escritores na capa de Sgt. Pepper

Aleister Crowley (*O Livro da Lei*), **H.G. Wells** (*Guerra dos Mundos*), George Bernard Shaw (*Pigmaleão*), Oscar Wilde (*O Retrato de Dorian Gray*), Stephen Crane (*A Glória de um Covarde*), Aldous Huxley (*Admirável Mundo Novo*) e o poeta Dylan Thomas.

O livro que matou John?

Mark Chapman alega que ***O Apanhador no Campo de Centeio*** (51) foi sua maior motivação para matar John. E ele não é o único louco a culpar o livro. Mas convenhamos: mais de 65 milhões de unidades já foram vendidas e apenas meia dúzia de malucos encontrou alguma mensagem assassina ali.

OUTRAS ARTES

Brasileiros

O nosso modernismo se rendeu aos Beatles quando **Carlos Drummond de Andrade** traduziu seis músicas do *White Album* para a revista Realidade (03/69). Mario Quintana citou os Beatles em seu poema *Aprenda a Gostar de Você*. E Paulo Leminksi traduziu o primeiro livro de John no Brasil.

Rubem Fonseca publicou *Lucia McCartney* (67), livro que incluía um conto sobre uma prostituta com esse nome e que virou filme em 71. Paulo Coelho, assim como seu parceiro Raul, curtiu muito o som dos Beatles. Ele citou os Fab Four em *Veronika Decide Morrer* (98) e *As Valkírias* (92).

Stephen King

Quando você estiver lendo um terror de **Stephen King**, procure pelos Beatles. O autor colocou referências à banda em obras como *O Cemitério* (83), *Trocas Macabras* (91), *O Pistoleiro* (2004) e *Lobos de Calla* (2006). Até o nome de seu maior clássico, *The Shining*, foi inspirado no refrão de *Instant Karma!*. Após a morte de Lennon, ele escreveu o lindo ensaio *Remembering John* em memória do Beatle.

Hey Jude é a mais citada

Deu para ver que os Beatles são muito citados em livros, né? *Hey Jude* foi eleita oficialmente a música mais citada pela literatura, numa lista publicada pelo jornal The Guardian, em 2008. *Lucy in the Sky* ficou na sétima posição.

OUTRAS ARTES

Hotéis, livros e Beatles

Os Beatles já se hospedaram em hotéis que geraram grandes histórias. O Burgh Island Hotel, na Inglaterra, foi a inspiração de **Agatha Christie** para escrever *O Caso dos Dez Negrinhos* (39) e *Morte na Praia* (41). Já o Plaza Hotel, em Nova Iorque, foi locação para *O Grande Gatsby* (25), de Scott Fitzgerald, e recebeu festas organizadas por Truman Capote.

Mais de Beatles e literatura:

- Quando cismou de fazer um filme de ficção científica com o Wings, Paul procurou **Isaac Asimov**, mas o rascunho feito por ele não agradou ao Beatle.
- Nico, a vocalista que dizem ter sido musa inspiradora de Hemingway, passou uns tempos na casa de Paul enquanto Linda viajava. Mas não rolou nada não, seu maldoso.

- Muitas são as semelhanças entre *Piggies*, do *White Album*, e a *Revolução dos Bichos*, de George Orwell.

- **Erich Segal**, que escreveu o roteiro de *Yellow Submarine*, foi também o autor de *Love Story*, best-seller da década de 70.

- *Eleanor Rigby*, *Nowhere Man*, *Helter Skelter*, ***Norwegian Wood***, *The White Album*... Todos viraram nomes de livros famosos pelo mundo afora.

- E para encerrar este capítulo, palavras de **Gabriel García Marquez**: "A única nostalgia em comum que alguém tem com seus filhos são os Beatles."

OUTRAS ARTES

QUADRINHOS

Menina de bom gosto

Você é apaixonado por Beatles? A pequena **Mafalda** também é. A personagem criada pelo argentino Quino convive com várias referências aos Fab Four em suas tirinhas.

Adolo o Lingo

Outra que adora falar de Beatles é a **Turma da Mônica**. Já foram várias aparições, inclusive uma história cheia de pistas sobre a tal morte do Paul. Em 90, Maurício de Souza tentou criar a franquia *Beatles 4 Kids* porém não conseguiu autorização para o projeto.

Al "Crap"

Mas nem todo desenhista gosta dos Beatles. Em 1969, Al Capp, criador da **Família Buscapé**, fez questão de ir ao *Bed-In* de John no Canadá dizer o que achava daquilo. O cartunista foi extremamente deselegante com John e Yoko durante a conversa, mas o Beatle soube manter a calma.

Mais de Beatles e quadrinhos:

- Lembra da vila de gauleses do Asterix? O nome da mulher do Peixeiro era é *Ielosubmarine* (que em português, virou *Ielosubmarina*)
- Em 86, os Beatles deixaram sua imagem aos cuidados da Determined Productions Inc., responsável também pelo merchandising de Snoopy e Betty Boop.
- A história dos Fab Four foi parar até nos mangás. ***Boku wa Beatles***, do mesmo autor do famoso *Zipang*, saiu em 2011.

HERÓIS E VILÕES

Heróis nas letras

Só um herói apareceu nas letras das músicas dos Beatles: foi o **Capitão Marvel** em *The Continuing Story of Bungalow Bill*. Os superpoderosos só aparecem de novo em *Magneto and Titanium Man*, canção de Paul que ainda inclui o Crimson Dynamo. Em retribuição, seu autor Jack Kirby deu para Macca um **desenho da banda** Wings lutando com Magneto.

Os Beatles no Super-Homem

Os Beatles apareceram duas vezes nos quadrinhos do azulão. Eles estavam na plateia da histórica luta ***Superman vs Muhammad Ali*** (78). E em outra edição, Jimmy Olsen começa uma Beatlemania na Grécia Antiga. Claro que um vilão aparece no meio, e aí só o Super para salvar tudo.

Os filmes do Homem de Aço também têm conexões. O diretor dos dois primeiros filmes dos Beatles, Dick Lester, também dirigiu *Superman II* e *III* (que tem *Roll Over Beethoven* na voz do quarteto). E Paul cantou no especial *A Celebration of Hope* (98), em homenagem ao ator **Christopher Reeve**.

E o Super-Homem nos Beatles

Algum viciado em Beatles e Super-homem reconheceu as HQs que aparecem **em cima do piano de Paul** em *Help!*. São elas: *Action Comics #304* e 311; *Superman #165* e 166; e *Superman's Pal Jimmy Olsen #65*, 67 e 75.

Mas não precisa ser tão louco para achar um personagem vestido de homem-de-aço no encarte do filme *MMT*. Nem para ver Lennon vestido de super na capa de ***The Penguin John Lennon*** (66), sua coletânea de poesias.

E nem o azulão escapou da "morte do Paul". Ao tocar o final de *Inner Groove* ao contrário, há quem jure ouvir: "Will Paul come back as Superman?"

Santo Mistério, Batman!

Já o Homem Morcego decidiu investigar a lenda da morte de Paul na HQ ***Dead...Till Proven Alive*** (70). Mas é a série do Batman da barriguinha que tem mais conexões com a banda. No episódio *The Londinium Larcenies*, Robin toca bateria com uma peruca de Beatles até que Bruce Wayne diz para ele: "Pare, Ringo". Frank Gorshin, o Charada, estava no *Ed Sullivan Show* em que os Beatles apareceram. E Burt Ward, o Robin, teve um affair com Melanie Coe, a menina que fugiu de casa e inspirou Paul a escrever *She's Leaving Home*.

Aliás, onde você acha que George se inspirou para aquelas vozes no final de sua música do *Revolver*, cantando "Taaaaaxman"?

Stan Lee

Imagine o próximo filme dos vingadores com Homem de Ferro, Hulk, Thor e... Super-Ringo? **Stan Lee**, criador dessa galera toda, prometeu em 2004 que ia criar um super-herói para o baterista, mas até agora nada.

Heróis de que nossos pais gostavam

Fantasma e **Mandrake** aparecem no filme *Yellow Submarine*. Os atores de Zorro e Tarzan no cinema estão na capa do *Sgt. Pepper*. E no filme do Flash Gordon (80), o Dr. Hans Zarkok diz ter ouvido Beatles para não perder sua memória.

Beatles vilões

Como HQ's são complicadas, vamos resumir o enredo dos ***Skrull Beatles***, personagens da Marvel: são alienígenas que invadiram a Terra e tomaram o lugar dos Fab Four. Depois se separaram e atualmente estão todos mortos. Mas tratando-se de quadrinhos, nada impede que sejam ressuscitados, né?

Os Monstros do Rock

O primeiro encontro dos Beatles com um vampiro foi no episódio *Wax Museum* do *Beatles Cartoon*. Já no filme ***Son of Dracula*** (74), Ringo interpreta o Mago Merlin, que cuida de um desses dentuços com a ajuda de um Frankenstein. O cara do parafuso já tinha aparecido no filme *Yellow Submarine*.

E é bem verdade que as fãs beatlemaníacas da década de 60 até pareciam uma horda de zumbis. Pensando nisso, Alan Goldsher escreveu ***Paul is Undead*** (2010), um livro que conta a história dos quatro rapazes de Liverpool como se eles fossem mortos-vivos.

Mais de Beatles e Heróis:

- Os Beatles estiveram no casamento de Sue e Reed Richards, membros do **Quarteto Fantástico**. A culpa é do desenhista Beatlemaníaco Alex Ross, que também colocou uma referência em ***O Reino do Amanhã***: um carro com a placa *28 IF*, mesma que aparece na capa de Abbey Road.

- Na capa de ***X-Men** Unlimited Vol. 1 #30* (2001), os mutantes parodiam a capa de *Abbey Road*. E em *Avengers Vol. 1 #178*, o Fera canta *Eleanor Rigby* trocando “Father McKenzie” por “Professor Xavier’.

- O título da HQ ***Iron Man*** *Vol. 1 #119*, (79) é *Back in the USSR*. E em *Iron Man 3* (2013), Tony Stark chama o vilão Mandarim de Ringo. É bem parecido!

- O personagem **Rocket Raccoon**, da Marvel, é uma homenagem ao *Rocky Raccon*. Seu ajudante é uma morsa.

- Julie Taymor é diretora de dois belos musicais: o filme *Across the Universe* (2007) e o espetáculo da Broadway ***Spider-Man***: *Turn off the Dark* (2011).

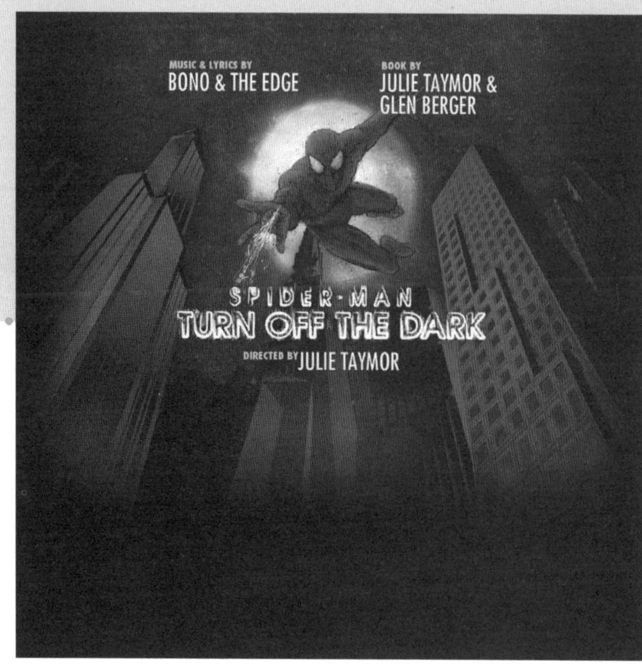

PINTURA

Pintando solo

Paul começou a pintar em 83, incentivado pelo pintor **Willem de Kooning**, e se revelou muito bom nisso também. Na década de 2000, Ringo se juntou a ele no grupo de Beatles pintores. Já George usou sua habilidade apenas para pintar sua casa em Kinfaus e sua guitarra "Rocky".

Mas John foi o primeiro Beatle a revelar seu talento para as artes plásticas. Desde os tempos em que estudava na Liverpool College of Art ele era reconhecido por ser fera nas ilustrações.

Pintando juntos

Durante a turnê pelo Japão, a banda ficou presa no hotel por uma questão de segurança. Para distraí-los, alguém sugeriu que eles pintassem. A ideia foi boa e juntos eles criaram o psicodélico quadro *Images of a Woman*.

Stuart Sutcliffe

Artista mesmo era Stuart Sutcliffe, membro original da banda que largou tudo para se dedicar à paixão pela pintura e por sua namorada, Astrid Kirchher. Infelizmente, ele faleceu logo depois, de uma hemorragia cerebral.

John e pintores

Durante sua lua de mel, John e Yoko passaram por Paris para almoçar com **Salvador Dalí**. Décadas depois, a ex-namorada do pintor contou que Yoko teria comprado um fio do bigode de Dalí por U$ 10 mil. Só que o fio era falso!

Andy Warhol também era próximo do casal. Tão próximo que tem até uma foto onde um está com a mão na parte íntima do outro. A capa do livro *The Beatles* (80) e da coletânea de John, *Menlove Avenue* (86), são artes dele.

Por falar em capas

A do *White Album* foi assinada por Richard Hamilton, que além de artista era curador de Marcel Duchamp, o criador da arte **ready made**. A do *Sgt. Pepper* foi feita por Peter Blake e Jann Haworth. A do *Revolver* é de Klaus Voorman, amigo próximo da banda. E a do cd *#1* (2000), de Rick Ward.

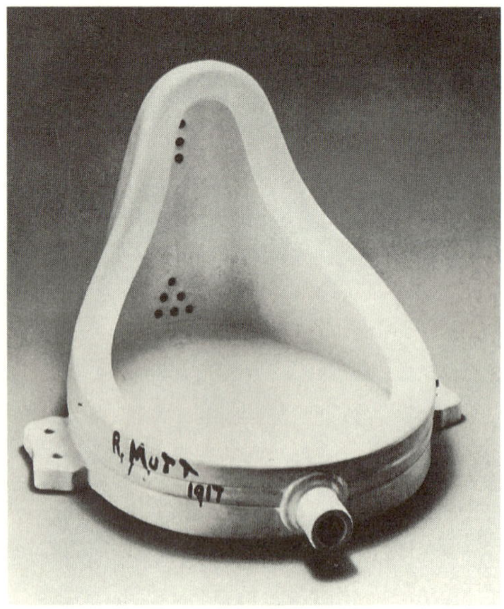

Sempre essa capa

Na capa do *Sgt. Pepper*, vemos pin-ups de George Petty e **Alberto Vargas**, além de fotos dos pintores Richard Merkin, Richard Linder, Wallace Berman e Aubrey Beardsley.

Conexões com grandes pintores

Em 64, Paul comprou uma casa para seu pai que eles batizaram de Rembrandt. No encarte do álbum *Pipes of Peace*, Macca colocou o quadro ***A Cadeira de Van Gogh com Cachimbo***.

Na canção *P2 Vatican Blues (Last Saturday Night)*, George cita Michelangelo. E no encarte de seu álbum *Living in the Material World* (73), ele, Ringo e amigos fazem uma paródia de ***A Última Ceia***, de Da Vinci. George ainda produziu o filme ***Mona Lisa*** (86), com sua HandMade Films.

Mais de Beatles e pintura:

- Macca criou o logo da Apple baseado numa série de obras do pintor belga **René Magritte**, que tinha a maçã verde como tema.

- Durante uma excursão com o grupo, Stuart Sutcliffe usou o pseudônimo Stu DeStael, em homenagem ao pintor russo **Nicholas de Staël**.

TEATRO

Inigualável

Se o Cirque du Soleil já era imperdível, ficou ainda mais depois de 2006, quando o espetáculo ***Love*** entrou em cartaz em Las Vegas. A ideia inicial desse show circense todo inspirado nos Beatles foi de George Harrison, que era amigo de longa da data do fundador do Cirque.

Onde tudo acontece

Os Beatles estiveram duas vezes em cartaz na Broadway. A primeira foi com ***Beatlemania*** (77-79), que virou filme e cujo elenco formou uma banda que excursiona até hoje. A segunda vez foi com o espetáculo *Lennon* (2005), que não agradou e teve uma curta temporada.

Beatles assistindo a Beatles

Em 74, John foi ao circuito off-Broadway assistir *Sgt. Pepper Lonely Hearts Club Band on the Road*, peça que gerou o filme com os Bee Gees, enquanto George esteve em outro musical: *John, Paul, George, Ringo... and Bert*. Embora eleito "Melhor Musical de 1974" pela crítica especializada, Harrison não curtiu nada do que viu.

Mais de Beatles e teatro:

- Um dos roteiros de filme rejeitados pelos Beatles, ***Up Against It***, de Joe Orton, virou um musical do circuito off-Broadway, em 89.
- John contribuiu para o teatro quando seus dois primeiros livros de poesia foram adaptados para a peça *In His Own Write*, em 68.
- Em 95, Paul apresentou ***Oobu Joobu***, uma série de programas no rádio sobre sua carreira. O nome é uma homenagem à peça *Ubu Rei*.
- No Brasil, vale assistir ao musical ***Beatles num Céu de Diamantes***, de Charles Möeller e Claudio Botelho, que está sempre em cartaz por aí.

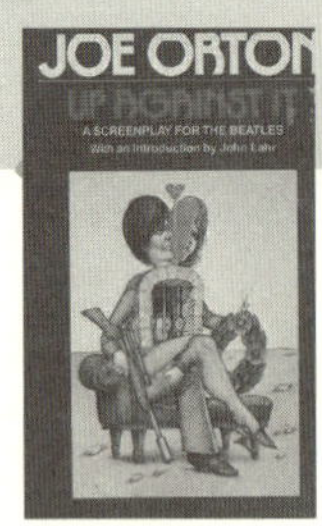

DANÇA

Danças na discografia

Lembra quais danças foram citadas na discografia da banda? *Rock and Roll Music* tem uma porção delas: tango, mambo e até a conga. A valsa aparece em *For the Benefit of Mr. Kyte* e o twist... onde ele aparece, hein?

Mas falar nesse assunto é lembrar do clipe de ***Your Mother Should Know***, onde eles dançaram com 160 membros da cia. de Peggy Spencer.

Paul e o balé

Para o **balé**, a maior contribuição de um Beatle foi o álbum ***Ocean's Kingdom***, que Paul compôs especialmente para ser trilha do espetáculo homônimo da companhia New York City Ballet, em 2011.

Reality Shows

Os reality de dança mais famosos da TV já tiveram momentos Beatles. Heather Mills, ex do Paul, participou de ***Dancing with the Stars*** (2007) e *Dancing on Ice* (2009), mesmo com sua perna mecânica. E no *So You Think You Can Dance* (2008), uma candidata bem doida jurava ser filha do Ringo.

Mais de Beatles e Dança:

- No álbum natalino *Christmas Time (is Here Again)*, Ringo disputou um duelo de **sapateado** com o comediante Victor Spinneti.
- Paul bateu um papo com o lendário **Sammy Davis Jr.** numa noitada de Los Angeles, em 68.
- **Baryshnikov** se apresentou ao som das músicas de Ivor Cutler, em *A Wooden Tree* (2012). Cutler é o motorista de ônibus do filme *MMT*.

EsCulTURA

Estátuas mais legais

Os Beatles já foram eternizados em estátuas de diferentes estilos, por todo o planeta. **A maior delas**, com 11 metros de altura, fica no Texas. A mais legal, na minha opinião, é a de Hamburgo, toda feita em metal. Mas a mais curiosa, por sua localização, é a de John Lennon, em Cuba.

No Brasil, a UNB inaugurou uma estátua de John em 95. Infelizmente, ela vive sendo alvo de vândalos. Da última vez, pintaram a estátua toda de rosa.

Perdeu a cabeça

Mas vandalismo tem em qualquer lugar, até em Liverpool. Lá, uma escultura da banda feita em plantas foi inaugurada em 2008 e, dias depois, amanheceu com uma das cabeças cortadas. Foi a do Ringo (é sempre com ele...)

Mais de Beatles e escultura:

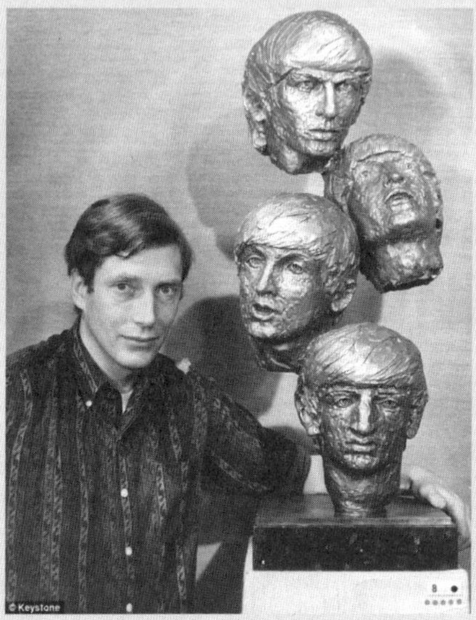

- A primeira escultura retratando a banda saiu ainda em 64. Autorizado pelos Beatles, **David Wynne** esculpiu uma peça com a cabeça dos quatro.

- No hall da fama da capa do *Sgt. Pepper*, teve espaço para dois escultores: **H.C. Westermann** e Larry Bell.

ARQUITETURA

Na Islândia

A **Imagine Peace Tower** é a maior obra do mundo erguida em homenagem a John. O monumento, projeto de Yoko Ono, é uma torre de luz projetada de uma pedra onde a frase "imagine a paz" está escrita em 24 idiomas.

Maravilhas do Mundo

Das Sete Maravilhas do Mundo originais, as Pirâmides são as únicas que estão na história da banda: elas apareceram no filme *Yellow Submarine*. Das novas, o **Taj Mahal,** que recebeu a ilustre visita de George Harrison.

Outras grandes obras ficam por conta de Lennon: ele citou a Torre Eiffel em *I am The Walrus* e tirou uma de suas mais icônicas fotos em frente à **Estátua da Liberdade**. Faltou alguém visitar o Cristo Redentor, né?

Arquiteto

O representante da arquitetura na capa do *Sgt. Pepper* é Simon Rodia, o italiano que construiu as ***Watts Towers***, cartão postal de Los Angeles.

OUTRAS ARTES PLÁSTICAS

A arte de Yoko

A arte de Yoko Ono, seja plástica, cinematográfica ou musical, é sempre focada no vanguardismo. Sua obra mais importante deve ter sido a que fez John se encantar por ela. Tratava-se apenas de uma escada, colocada em uma galeria de arte. Mas quando você chegava ao topo dos degraus, podia ler uma pequena inscrição no teto: "Yes".

Fotografia

A esposa de Paul também era uma artística plástica. Durante sua carreira, Linda imortalizou em fotos lendas do rock como Jimi Hendrix, The Who, The Doors, além de toda sua vida íntima do Paul.

4 . MÚSICA

Não ache você que um capítulo inteiro dedicado às relações do universo Beatles com outros músicos seria composto de obviedades. Pelo contrário: este capítulo prefere usar menos linhas com nomes como os Rolling Stones e mais com músicos talvez impensáveis como Beyoncé, Zezé di Camargo e Luciano e até o Khaled (lembra dele?). Conheça agora um universo de influenciadores e influenciados e descubra que os Fab Four já estiveram presentes até nos bailes funk da Furacão 2000.

RoCK

Bandas da época

Não vale a pena gastar muitas linhas para lembrar o óbvio: a relação de influência mútua que os Fab Four tiveram com os **Rolling Stones**, Beach Boys, The Byrds, The Who, The Animals, The Kinks e outras bandas da época.

Ídolos do Rock

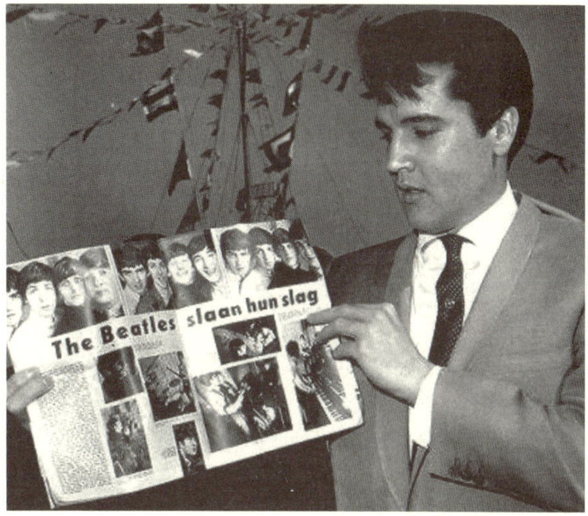

Em 65, os Beatles conheceram dois de seus maiores ídolos: **Bob Dylan**, com quem fumaram maconha em um hotel, e **Elvis Presley,** numa visita meio estranha e sem intimidade à casa dele.

Amigos do Rock

Eric Clapton era tão próximo da banda que até gravou o solo de *While My Guitar*. Eric era tão próximo, mas tão próximo de Harrison, que até "roubou" sua esposa e se casou com ela. Mas a amizade não se abalou por isso.

David Bowie foi rejeitado pela *Apple Records*, mas nunca deixou de ser fã deles por isso. Nos anos 70, fez amizade com John. Assim como **Elton John**, que lançou com o Beatle a canção *Whatever Gets You Thru the Night*.

Os Supergrupos

The Dirty Mac	John, Yoko, Eric Clapton, Keith Richards (Rolling Stones) e Mitch Mitchell (Jimi Hendrix Experience).
All-Star Band	Ringo já teve ao seu lado gente como Joe Walsh (Eagles), Harry Nilson, Colin Hay (Men at Work) e Andy Summers (The Police).
Traveling Wilburys	George, Bob Dylan, Jeff Lynne (ELO), Roy Orbison, Tom Petty e que, em uma ocasião, ainda teve John Forgety (CCR)
Them Crooked Vultures	Além dos Wings, Paul quase tocou neste grupo com Josh Homme (Queens of the Stone Age), John Paul Jones (Led Zeppelin) e Dave Grohl (Foo Fighters).

4. MÚSICA

Mais de Beatles e Rock:

- Os Fab Four não foi à Woodstock, mas sua música sim. **Ritchie Havens** tocou *With a Little Help*, *Hey Jude* e *Strawberry Fields*. Crosby, Stills, Nash & Young tocaram *Blackbird*. E Joe Cocker "mitou" com *With a Little Help*.

- Em 67, enquanto os Beatles gravavam *Sgt. Pepper* em um estúdio, no outro o **Pink Floyd** gravava *The Piper at the Gates of Dawn*. Bobeira, né?

- **Jimi Hendrix** ficou tão alucinado com a música *Sgt. Pepper* que a tocou em seu show apenas dois dias depois da música ser lançada.

- **Janis Joplin** gravou uma mensagem de parabéns aos 30 anos de John.

- O primeiro álbum de **James Taylor** saiu pela Apple Records, tendo inclusive a participação de Paul e George em *Carolina in My Mind*.

- Difícil achar alguém mais fã dos Fab Four que os irmãos Gallagher, do **Oasis**. Quando eles se diziam "melhores que os Beatles", era só marketing.

- Mas o **U2** não fica muito atrás: vivem fazendo covers, compuseram *God Part II*, e Bono ainda participou do filme *Across the Universe* (2007).

- Espero que você saiba quem compôs *Live and Let Die*, um dos maiores sucessos do **Guns'n'Roses**.

- Paul apoiou a campanha que levou *Killing in the Name Of*, do **Rage Against the Machine**, ao #1 de singles vendidos em plena semana de Natal de 2009.

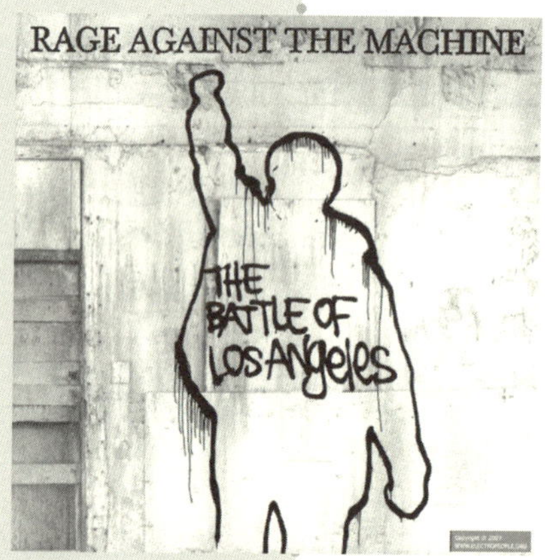

- O nome **Tears for Fears** é inspirado na Terapia Primal, que bombou para o mundo depois que John a adotou, nos anos 70.

- Peças de gravação originais de Abbey Road estão com **Lenny Kravitz**. Já o melotron de Lennon está com Trent Reznor, do Nine Inch Nails.

Heavy Metal, Grunge e Punk

Os ídolos do metal

Dio, **Ozzy Osbourne** e James Hetfield: uma trindade sagrada do metal para quem sagrados mesmo são os Beatles. Sem falar que o primeiro álbum que Bruce Dickinson lembra ter comprado na vida foi o single *She Loves You*.

Todo mundo junto

Do álbum ***Butchering the Beatles*** (06), uma homenagem da galera do metal regravando músicas dos Beatles, participaram Alice Cooper e Steve Vai, além de membros de Velvet Revolver, Motörhead, Mötley Crüe, Judas Priest, Rob Zombie e Anthrax.

Os ídolos do grunge

Quem diria que por trás da depressão de Kurt Cobain havia um Beatlemaníaco? Antes de compor *About a Girl*, ele ouviu *Meet The Beatles!* por uma tarde inteira. Quem sabe Yoko tenha sido sua inspiração para casar com a Courtney Love...

De onde estiver, Kurt deve ter achado uma honra ver Macca tocar com os membros originais do Nirvana em 2012, no show para as vítimas do furacão Sandy. Foi convidado por **Dave Grohl**, outro fã. A música *Oh, George*, do primeiro álbum do Foo Fighters, é sua homenagem ao Beatle calado.

Lay down your heart...

Foi o Pearl Jam quem tornou famosa a canção *Soldier of Love*, cover que os Beatles já haviam tocado em suas apresentações na BBC, em 63. Uma justa homenagem de uma banda que já faz vários os covers dos Beatles. Aliás, não deixe de curtir a versão sensacional de **Eddie Vedder** para *You've got to hide your love away*.

Os punks que odeiam

Fique sabendo que um punk só tem duas opções: amar ou odiar os Fab Four. A lenda conta, por exemplo, que o **Sex Pistols** demitiu um baixista porque ele "gostava demais dos Beatles". E embora o The Clash nunca tenha dito que tenha raiva dos garotos de Liverpool, na letra de *London Calling*, eles avisam que "toda aquela baboseira dos Beatles já era".

E os punks que amam

Os **Ramones** já pensavam diferente. Esse nome, inclusive, veio do pseudônimo "Ramon", que Paul usou quando jovem. Entre os membros do **Green Day**, Beatles também é unanimidade. E o Bad Religion até incluiu o verso "no time for fussing and fighting my friend" na música *You*.

Mais Beatles e Heavy Metal, Grunge e Punk:

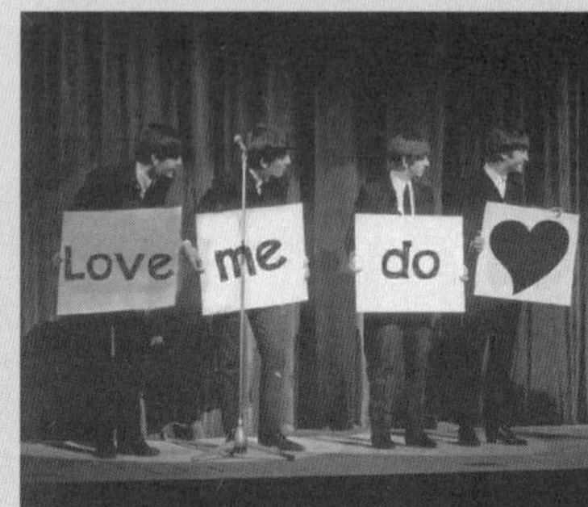

- Ouça **Beatallica**: um grupo que faz combinações hilárias entre as melodias dos Beatles e as letras do Metallica. Mas se preferir ouvir Beatles na pegada punk, procure pelo The Punkles.

- Quem diria: a mesma banda que fez *Love Me Do* iria compor *Helter Skelter*, o primeiro heavy metal da história.

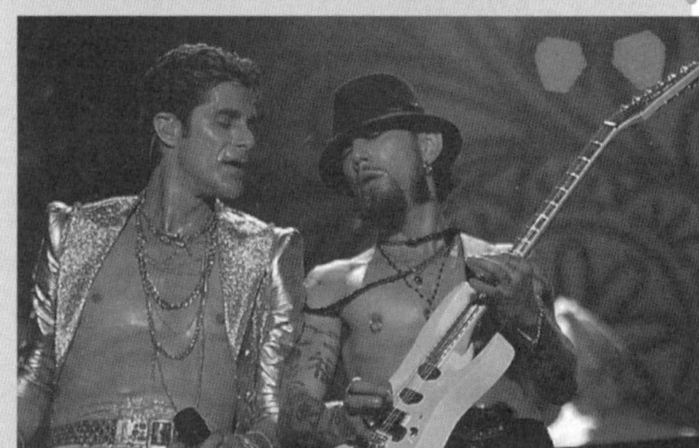

- Thenewno2, banda do filho de George, faz turnês com o **Jane's Addiction**.

- **Scott Weiland** (Stone Temple Pilots) toca *Revolution* em seu álbum solo.

- O hino grunge *Black Hole Sun*, do **SoundGarden**, foi inspirado pelos Fab.

- Não se ofenda com *1 down, 3 to go*, dos punks **Meatmen**. A rebeldia mórbida dessa letra sobre o assassinato de John provavelmente é só pose.

- Seria *Why Don't You Get a Job*, do **The Offspring**, um plágio de *Ob-la-di*?

4. MÚSICA

Pop

Rei do pop x Reis do iêiêiê

Vamos a um resumo da famosa rixa entre Paul e **Michael Jackson**: tudo começou quando os dois gravavam o dueto *Say Say Say*. Macca comentou com Jacko sobre o enorme valor do catálogo de músicas dos Beatles. Mais tarde, Jackson ficou sabendo que a empresa detentora desses direitos andava mal e comprou tudo em uma tacada só.

Mas antes que você ache que Michael Jackson é o vilão: esses direitos foram oferecidos a Paul e Yoko primeiro. Eles é que não souberam aproveitar.

Lady Madonna

Embora a rainha do pop não tenha se inspirado nessa música para o seu nome artístico, não faltam relações entre ela e os Fab. **Madonna** foi a mocinha de *Shangai Surprise* (86), filme da produtora de George. As más línguas dizem até que rolou algo entre eles. Ela também apresentou uma das entregas de troféu do *VMA 99* junto com Paul. E, em sua turnê de 2004, incluiu *Imagine* em seu setlist.

Para dormir

Os Bee Gees, que já eram fãs da música de Liverpool, se tornaram o maior fenômeno pop após o fim dos Beatles. Por isso, alguém teve a incrível ideia de filmar ***Sgt. Pepper*** (78), um musical estrelado por eles baseado no álbum homônimo. Mas o resultado final não ficou nada bom.

Suecos

Outro que chegou a ser comparado com os Beatles foi o ABBA. E a primeira banda de Benny Anderson, os Hep Stars, tinha gravado uma versão bem fofa de *Martha My Dear*.

Boy bands

Eu concordo que os Beatles foram a primeira boy band. Não à toa, eles ganharam tributos de várias outras: *NSYNC (*We Can Work it Out*), Westlife (*Help!* e *I Feel Fine*), e Nick Carter, ex-**Backstreet Boys** (*Here Comes the Sun*). Da geração seguinte, Jonas Brothers, One Direction e o nosso Restart também fizeram suas versões.

Girl bands

Os Beatles ganhariam o prêmio de "maior contribuição à música" do Brit Awards de 2000. Mas só porque Paul não pôde comparecer à cerimônia, os organizadores mudaram o prêmio para as Spice Girls. Quase igual, né?

E as divas do pop

- Aos 7 anos, **Beyoncé** ganhou um concurso de talentos cantando *Imagine*.
- Em 2005, **Mariah Carey** cantou no show *Live 8* com Macca.

- Abe Laboriel Jr., o atual baterista de Paul, já fez parte da banda de apoio da **Shakira**, que considera John Lennon como sua maior influência.
- **Britney Spears** treinou uma candidata do *X-Factor* a cantar *Imagine*.

- **Lady Gaga** hoje é bem amiguinha de Yoko Ono. Em 2010, uma foto dela tocando o piano branco de John causou polêmica. Elas combinam, né?

- **Adele** igualou um recorde dos Beatles: duas músicas no *Top 5 Singles* e dois álbuns no *Top 5 Albuns* da *Billboard* ao mesmo tempo.

- Christina Aguillera, **Katy Perry,** Pink, Jennifer Lopes, Janet Jackson, Alicia Keys, Donna Summer, Fergie, **Rihanna**, Celine Dion, Diana Ross e Barbra Streisand já cantaram Beatles.

4. MÚSICA

JOVEM GUARDA

O "Yeah yeah yeah" vira "iê-iê-iê"

Quando falamos em brasucas influenciados pelo Fab Four, é impossível não pensar na Jovem Guarda. O movimento era a cara da Beatlemania no Brasil, incluindo até uma banda chamada The Brazilian Bitles. E nem precisa falar muito para provar que o rei **Roberto Carlos** sempre foi fã. Basta assistir a *Roberto Carlos em Ritmo de Aventura* (68), todo inspirado no filme *Help!*.

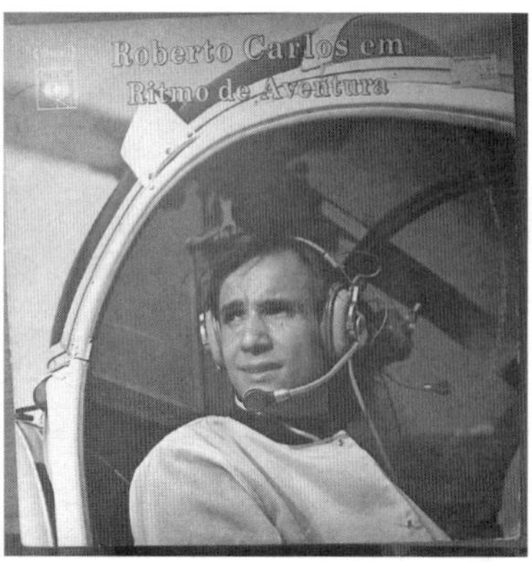

O importante é amar

A maioria das versões brasileiras de Beatles feitas nessa época falava de amor, mesmo que as originais não tivessem nada a ver com o assunto. Como *Sempre Vou te Amar*, de Marcio Greyck, que não tem lhufas a ver com *When I'm a Sixty Four* e os versos em português de *Ob-la-di*, de **Ed Carlos**.

Bom gosto?

Vale lembrar as ótimas versões de **Renato e seus Blue Caps** como *Menina Linda* (*I Should Have Known Better*), *Meu Primeiro Amor* (*You're Gonna Lose that Girl*) e *Feche os Olhos* (*All my Loving*). Mas também é deles a "culpa" de transformar *I Wanna Hold Your Hand* em *O Bode e a Cabra*.

Mais de Beatles e Jovem Guarda:

- Completando o pódio versão sem noção: *Chame o Táxi* (*Taxman*) de Meire Pavão e *Os Carecas são Demais* (*A Hard Day's Night*) de Os Carecas.

- **Jerry Adriani** conseguiu se encontrar com George quando o Beatle visitava o Brasil. Os dois tiraram foto juntos e foram matéria de revista.

- Já os **The Jordans** encontraram com John, Paul e Ringo numa lanchonete em Londres. O encontro foi filmado com uma câmera super 8.

MPB

Tropicalismo

A psicodelia fez a cabeça da turma de Rogerio Duprat (o George Martin tupiniquim) para sempre. Dentre as referências mais óbvias, está a paródia da capa de *Let it Be* na capa de *Qualquer Coisa* (75), do **Caetano Veloso**. E se ele compôs *Sugar Cane Fields Forever*, Gilberto Gil fez *Chuck Berry Fields Forever*. **Rita Lee** não deixa por menos. Além do CD *Aqui, Ali Em Qualquer Lugar* (2001), ela já declarou até ter lambido a maçaneta de Abbey Road.

Melhor que Beatles

A vida dá voltas e, anos depois, foi o filho do ídolo quem virou fã da banda de Rita Lee. **Sean Lennon** adora Os Mutantes. Em 2000, ele desenhou a capa do álbum *Technicolor* e cantou com **Arnaldo Baptista** no Free Jazz.

Clube da Esquina

E ainda tem o pessoal de Minas Gerais. **Milton Nascimento**, os irmãos **Borges**, Flavio Venturini e demais também são devotos dos garotos de Liverpool (nunca escutou *Para Lennon e Mccartney*?). Talvez você até ouça Beatles em português sem saber. É que por aqui, *Till There Was You* fez sucesso na versão *Quanto Te Vi*, de Beto Guedes.

Bossa Nova

Segundo Paul, a vibração da bossa nova influenciou canções como *The Fool on the Hill*. E há provas de que o som vindo do Brasil chegou até os Beatles: em 65, John disse ter ganhado um álbum de Stan Getz com alguém de nome "Iguana, ou algo do tipo". Quando o repórter o corrigiu: "**João Gilberto**?", ele respondeu: "Não sei, um mexicano". Tá sabendo, hein John?

Meu Brasil, brasileiro

Dá para ver que a MPB chegava à Inglaterra, embora eles não soubessem muito sobre o tema. No registro das sessões de gravações em 69, há um trecho em que o Fab Four toca um pedaço de *Aquarela Brasileira*, de **Ary Barroso**, misturado à cubana *El Manicero*. Paul chega a cantar "Brazil..."

Jim Capaldi

Os **Los Hermanos** podem até não aguentar mais tocar *Anna Julia*, mas não é qualquer música que é regravada por George Harrison. Aconteceu em 2001, a convite de Jim Capaldi, da banda Traffic. Já o cantor Marcelo, aquele dos anos 80, conheceu George através de Jim. Ele regravou a canção *Circles*, da carreira solo do Beatle, com o nome de *Ciclos*.

Os doidões

Nosso maluco beleza **Raul Seixas** jurava ter ficado amigo de John em Nova Iorque, embora Paulo Coelho tenha desmentindo essa história. Dentre os vários momentos de sua carreira inspirados neles, vale citar *Você Ainda Pode Sonhar*, versão em português para *Lucy in The Sky*.

Tim Maia, outro doidão, mandou um livro da Cultura Racional para John. Recebeu de volta uma foto do Beatle pelado, com o bilhete: "Caro maluco, eu não entendo português. Que tal você tentar ouvir essa foto?". Furioso, Tim disse que o Racional Superior previa a morte de John em 84. Só errou o ano.

As Meninas sortudas de Petrópolis

Nos 30 anos dos Beatles, o Rio de Janeiro teve show do coral das **Meninas Cantoras de Petrópolis** sob a regência de George Martin. O sucesso foi tanto que o maestro as convidou para cantar no CD *In My Life* (97).

A menina brasileira sortuda

Uma voz brasileira está presente na discografia dos Beatles. É a de **Lizzie Bravo**, carioca que na adolescência passava os dias em frente aos estúdios Abbey Road. Um dia, Paul abriu a porta e a convidou para fazer backing vocal em *Across the Universe,* por que ela tinha a voz aguda que ele precisava. Você pode ouvi-la na versão do *Past Masters Vol. 2.*

Mais de Beatles e MPB:

- Em 2001, Paul foi assistir a Ivan Lins em Nova York e visitou o camarim.

- Os Mamonas Assassinas cantavam uma hilária versão de *I Wanna Hold Your Hand* em seus shows, chamada *Não Pei-de Aqui Baby*.

- Em 94, Guto Goffi e Rodrigo Santos (Barão Vermelho), George Israel (Kid Abelha) e Nani Dias formaram a banda cover ***Os Britos***.

- **Skank** e Jota Quest não escondem a influência dos Beatles em seu som.

- O Brega também é Beatlemaníaco. **Wando** teve uma banda chamada *Os Escaravelhos*, Reginaldo Rossi vive cantando músicas Fab e Odair José dizia que fazia "boleros assim como os Beatles".

- O gospel tupiniquim não fica de fora: a capa de *Erguei as Mãos* (2008), com **Marcelo Rossi** e os outros padres cantores, é paródia da capa de *Let it Be*.

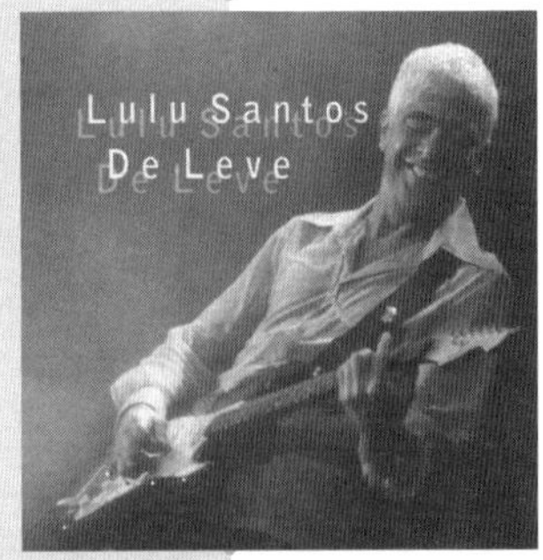

- Difícil é achar brasileiros que não se renderam aos Beatles. De A a Z, alguns que já tocaram Fab Four: Ana Carolina, Baby Consuelo, Cauby Peixoto, Djavan, Elis Regina, Fagner, Gal Costa, Hojerizah, Ira!, João Bosco, KLB, **Lulu Santos**, Marisa Monte, NXZero, Olodum, Paulo Ricardo, Quarteto em Cy, Roupa Nova, Sergio Mendes, Titãs, Ultraje a Rigor, Violeta de Ouro, Wanderley Cardoso, Yamandu Costa e Zélia Duncan.

- Faltou o X, né? É que **Xuxa** gravou *Então é Natal*, versão de *X-Mas (War is Over)*, da carreira solo de Lennon.

SAMBA

A cabeleira do Zezé

Os Beatles fizeram muita gente deixar o cabelo crescer nos anos 60. Zezé, garçom de um bar em Copacabana, entrou nessa onda e acabou dando origem à famosa marchinha. Quem conta essa história é o autor da canção, João Roberto Kelly.

Beatles em samba

O primeiro a misturar samba e Beatles foi Manfred Fest, pianista brasileiro e parceiro de Sergio Mendes. Em ***Os Sambeatles*** (65), ele e seu trio arrebentam tocando os sucessos dos Fab Four em samba-jazz.

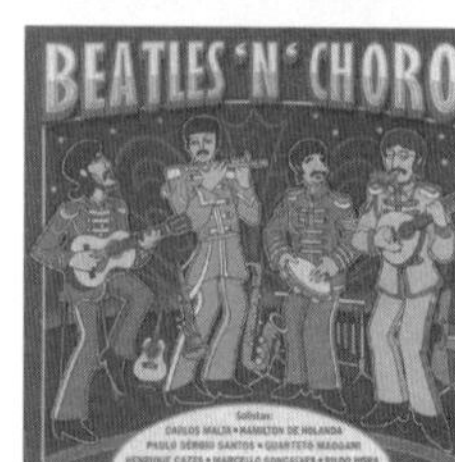

Isaías e Seus Chorões foram os primeiros a colocar Beatles no choro, em *O Regional Brasileiro na Música dos Beatles* (81). Mais tarde, no projeto ***Beatles'n'Choro*** (2002), idealizado por Renato Russo, músicos da maior qualidade fazem uma extensa releitura da música Fab através do chorinho.

Mas desde 2011, falar de samba e Beatles é lembrar do **Bloco do Sargento Pimenta**, sucesso do carnaval de rua do Rio de Janeiro. Atraiu 5 mil pessoas logo em sua estreia e, no ano seguinte, já tocou nas Olimpíadas de Londres.

Mais de Beatles e samba:

- Dalva de Oliveira gravou com o maestro Roberto Inglês em Londres. Na época, ele vinha sendo produzido por George Martin. Não há, no entanto, registros que provem que George teria produzido gravações da cantora.
- Em 2012, o enredo da G.R.E.S. União da Ilha homenageou Londres, com direito aos Beatles de *Sgt. Pepper*, e um ala inteira em homenagem à banda.
- Até os Demônios da Garoa têm uma versão bem divertida de *Help!*.

4. MÚSICA

OUTROS RITMOS BRASILEIROS

Beatles nos oito baixos

Os Beatles vão gravar um baião, o que transformará o Lua num milionário sofrendo com um grande problema de consciência

LUIZ GONZAGA: NÃO SEI SE ASA BRANCA É MINHA

Se a internet existisse em 1968, todas as redes sociais estariam falando sobre a versão que os Beatles iam fazer para *Asa Branca*, de **Luiz Gonzaga** – uma invenção de Carlos Imperial que foi matéria de várias revistas. Mas se você ouvir bem *Inner Light*, a história talvez até comece a fazer mais sentido.

Caso você queira mesmo ouvir Beatles com pegadas de baião, vale ouvir o álbum triplo ***Zé Ramalho** canta os Beatles* (2011).

Beatles na micareta

Na próxima micareta, vista um abadá de Beatles, pois Salvador adora eles. No Rock in Rio Lisboa (2006), Ivete Sangalo cantou *Imagine*, e no Prêmio Nobel da Paz (2001), **Daniela Mercury** cantou *Let it Be* com o próprio Paul.

Beatles na porteira

Xororó já disse que é fã. Mas o troféu de sertanejos Beatlemaníacos é de **Zezé di Camargo** e Luciano. Em 91, a dupla regravou *Eu te Amo* (*And I Love Her*). E eles ainda têm uma canção chamada *Saudades dos Beatles*.

Beatles até o chão

No próximo baile, bota para tocar a faixa *Travessa do Funk* do *Tornado Muito Nervoso 1*. Nela, a **Furacão 2000** usa *Twist and Shout* para embalar os poéticos versos "Rebole o seu Popozão/vai descendo até o chão".

Beatles na derêrê

Até no pagode do churrasco dá para ouvir Beatles. É que o **Raça Negra** regravou várias da Jovem Guarda, incluindo *Feche Os Olhos* (*All My Loving*).

TRIBUTOS

Cada um homenageia Beatles como pode (eu mesmo estou aqui escrevendo esse livro meio louco). Mas alguns testam o limite do que se pode chamar de homenagem. Confira alguns dos álbuns tributos mais bizarros já feitos:

A Buddha Lounge Tribute to the Beatles (2007) – Beatles em cantos budistas. Bom para salas de esperas.

Marching With The Beatles (99) – Tocado apenas por caixas e trompete da banda do exército irlandês.

A Fab Four Christmas (2002) – As melodias das canções da banda em paródias com letras sobre o Natal.

Beatle Barkers (83) – Cachorros latindo Beatles, só isso. Inacreditável, mas vendeu quase 1 milhão de cópias.

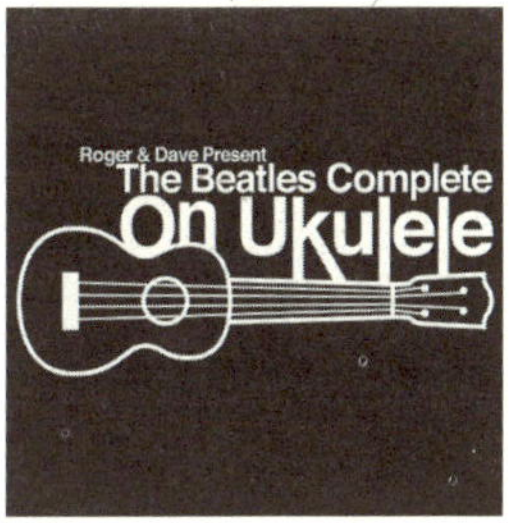

Beatles em Ukelele (2009) – Um projeto colaborativo de internet muito legal. Várias pessoas gravaram suas versões de Beatles tocando ukelele.

Beatles Classics by Wing (2004) – Uma coroa japonesa desafinada (tia da Yoko?).

Beatles Ocarina (?) – Até que ficou legal com esse pequeno instrumento.

Gregorian Beatles (2007) – Músicas em cantos gregorianos e cheias de eco.

Perfect Panpipes / The Beatles (2001) – Fab Four no som da flauta andina. Esse aí é capaz de você ver um boliviano vendendo no Centro do Rio.

The Exotic Beatles (2005) – Compilação de "como estragar Beatles".

The Waikikis – Lennon & McCartney (68) – Música Fab no estilo havaiano.

Novelties

Nos anos 60, era comum homenagear o Fab Four compondo músicas sobre eles. A própria Cher iniciou a carreira cantando *I Love You Ringo* (64). Dessa época, ainda saíram pérolas da babação de ovo como *My Beatle Haircut*, *All I want for Christmas is a Beatle* e *Ringo for President*.

Clássicos

Uma maneira menos puxa-saco de prestar tributo é colocar referências na letra. Você pode procurar os Beatles em clássicos como *American Pie* (Don McLean), *Life on Mars* (David Bowie), *Ball of Confusion* (The Temptations), *The Seeker* (The Who), *Gimme Sympathy* (Metric), *Let There Be More Light* (Pink Floyd) e *Born in The 50's* (**The Police**). Se tratando de referências apenas instrumentais, compare *Karma Police* (**Radiohead**) com *Sexy Sadie* e o início de *Don't Look Back in Anger* (Oasis) com *Imagine*.

Mártir

John com certeza foi o Beatle que mais ganhou esse tipo de homenagem. Algumas delas: *Empty Garden* (Elton John), *Dreamer* (Ozzy Osbourne), *Roll On John* (Bob Dylan), *Life is Real* (**Queen**), *Murder* (David Gilmour), *Not Now John* (Pink Floyd) e *I Just Shot John Lennon* (**The Cranberries**).

Brasuca

E o Brasil não fica para trás no quesito de citar Beatles. Entre as mais famosas: *O Papa é Pop* (**Engenheiros do Havaí**), *Dezesseis* (Legião Urbana), *Para Lennon e McCartney* (Milton Nascimento), e, claro, *Era um Garoto que como eu...* (você sabe o resto).

Música Erudita

Beatles é música erudita

Ok, afirmar isso já é demais. Mas dá para imaginar a falta que fariam instrumentos de orquestras em músicas como *Yesterday*, *Strawberry Fields Forever*, *A Day in the Life*, *She's Leaving Home* e, claro *Eleanor Rigby*.

Trabalhos eruditos de Paul

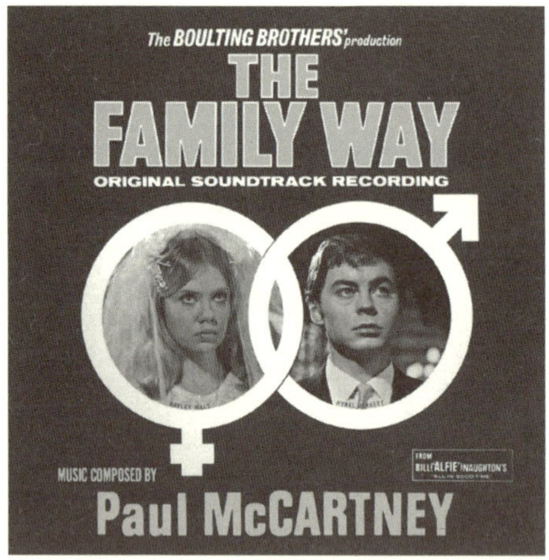

A influência do som das grandes orquestras veio do produtor da banda, George Martin, apaixonado por elas. Foi ele quem incentivou Paul a assumir a trilha sonora de música erudita do filme ***The Family Way*** (66).

A partir dos anos 90, Paul acabaria criando uma extensa discografia nesse estilo: *Liverpool Oratorio* (que no Brasil teve uma versão da Orquestra Petrobras Pro Musica, em 98), *Standing Stone*, *Working Classical*, *A Garland for Linda*, *Ecce Cor Meum* e *Ocean's Kingdom*.

Mais de Beatles e música erudita:

- Orquestras do mundo todo já fizeram homenagens à banda. Destaque para os trabalhos da **London Starlight Orquestra** e da Royal Phylarmonic Orchestra.

- Segundo Paul, tanto *Blackbird* como *Jenny Wren*, de sua carreira solo, foram inspiradas na *Bourrée em mi menor*, de Bach. Já *Eleanor Rigby* vem da influência de Vivaldi. E *Because*, de uma Sonata de Piano de Beethoven.

- A *Invenção a 2 parte #8 em F*, de Bach, aparece em *All You Need is Love*. Na barulheira de *Revolution #9*, aparecem diversas outras músicas eruditas.

- Mas a única canção de sua discografia que cita um músico erudito é *Roll Over* ***Beethoven***, que também aproveita para citar Tchaikovsky.

HIP HOP

Beatles Mixes

Quando Danger Mouse (do Gnarls Barkley) lançou o ousado ***The Grey Album*** (2004), uma mixagem do *White Album* com o *Black Album* do Jay-Z, a EMI tratou logo de impedir sua distribuição. Em resposta, a internet organizou a *Terça Cinza*, em que centenas de sites postaram o álbum para download.

Wu-Tang também teve suas rimas colocadas em melodias Beatles, em *Enter the Magical Mistery Chambers* (2010). Dessa vez, ninguém criou problemas.

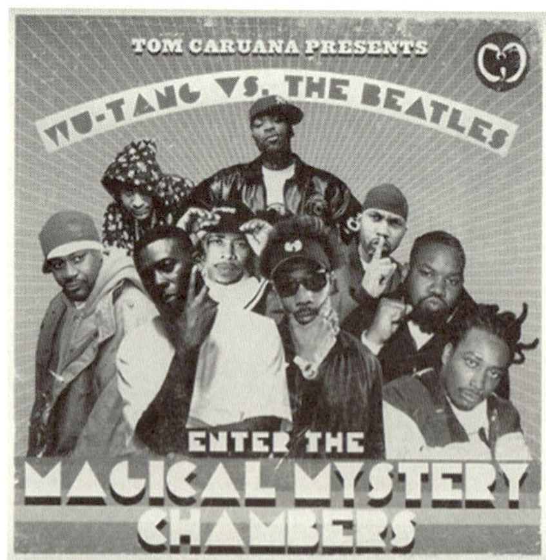

Paul, the rapper

No *Grammy Awards* de 2006, **Jay-Z** cantou em uma parceria inusitada com Paul McCartney e **Linkin' Park**. Deve ter sido a única vez que Macca cantou *Yesterday* com alguém dizendo "Yeah, that's right" no meio da música.

Guess who's back

O rapper **Eminem** quase foi superado pelos Fab Four no posto de artista com maior vendagem na primeira década do século XXI. Nada mal para uma banda que terminou 40 anos antes, né?

Mais de Beatles e hip hop:

- Em *Crazy in Love*, **Jay-Z** deseja ser "a star like Ringo" para **Beyoncé**.
- Os **Beastie Boys** adoram usar *samples* dos Fab Four em suas músicas. Quem também já fez isso foram **Lil Wayne**, **Talib Kwell**, **Slick Rick & Doug**, **Fresh**, **Wyclef Jean** & **R. Kelly**, **Nas** e **Pitbull**.
- *Beautiful Girl*, de **Sean Kingston** não usa exatamente Beatles, mas *Stand By Me*, sucesso na voz de John.

ELETRÔNICO

Moderninho

Não é porque a música não é de sua época que Paul não pode curti-la. Desde 93, Macca lança álbuns eletrônicos sob o codinome **The Fireman**. Em 2012, ele até esteve na plateia do Swedish House Mafia, em Coachella.

I'm happy...

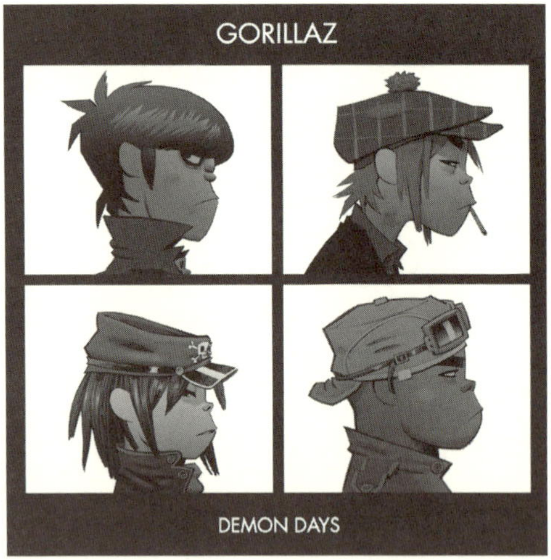

O **Gorilazz** tem duas ligações diretas com os Beatles: a capa de *Demon Days* (2005), uma paródia à do *Let it Be*, e Pete Candeland, criador das animações da banda e também da abertura do jogo *The Beatles: Rock Band*.

Mais de Beatles e eletrônico:

- **Fatboy Slim** já foi vizinho de Paul. Quando o Beatle se mudou, Fatboy deu uma de vira-lata e pegou coisas no lixo dele para guardar de lembrança.
- **David Guetta** e os Fab Four foram os únicos artistas capazes de chegar 2 vezes a 1 milhão de vendas no Reino Unido.
- Já comparou *Day Tripper* com o refrão de *Easy Way Out*, do **Gotye**?

REGGAE E SKA

Marley e eles

Bob Marley, que regravou *And I Love Her,* caiu no gosto dos Beatles. George foi encontrá-lo num show em 75. John o elogiou enquanto gravava o álbum *Double Fantasy*. E Paul participou do clipe póstumo de *One Love*.

Seu filho, Ziggy Marley, teve álbuns produzidos por Don Was, que também trabalhou com Ringo algumas vezes.

Moptop Rastafari

Grandes nomes do estilo como Matysiahu, Paul Blake, Steel Pulse, Mighty Diamonds e Toots & The Maytals regravaram Beatles em tributos reggae.

Mais de Beatles e reggae:

- Se você não sabe o que é ska, ouça *Ob-la-di*. O nome Desmond, inclusive, vem de **Desmond Dekker**, uma das primeiras lendas do reggae.
- Mais uma para comparar: *What I Got*, do **Sublime**, com *Lady Madonna*.

BLUES E JAZZ

Influência

Em maior ou menor grau, os membros dos Beatles beberam da fonte do jazz e do blues. Inclusive indiretamente: os ídolos roqueiros dos rapazes de Liverpool sofreram influências do som negro americano.

Proximidade

Mas eles também chegaram a ser amigos de alguns desses artistas. A banda fez turnê com o Moody Blues, John recebeu Miles Davis em seu aniversário e Ringo tocou bateria em *The London* ***Howlin' Wolf*** *Sessions* (71).

Mais de Beatles, blues e jazz:

- John cita **Muddy Waters** em *Come Together* e **BB King** em *Dig It*. Em *For You Blue*, George menciona Elmore James durante o solo de Lennon. E *In The Mood*, de **Glen Miller**, aparece no final de *All You Need is Love*.

- Agora a comparação é inversa. Compare *All My Loving* com *Kathy's Waltz*, do Dave Brubeck Quartet e *Yesterday* com *Answer Me*, de **Nat King Cole**.

OuTrOS NomES

Stevie Wonder

Uma das canções solo de maior sucesso da carreira de Paul foi um dueto com ele: *Ebony and Ivory*. E na opinião deste que vos escreve, a versão de *We Can Work it Out* feita por Stevie é o melhor cover de Beatles já feito.

Frank Sinatra

Para o cantor dos olhos azuis, *Something* é a mais bela canção de amor da história. Porém, quando começou a cantá-la em seus shows, ele atribuía a autoria da música à dupla Lennon-McCartney. Vacilo com George.

Os três tenores

No *Christmas Record* dos Beatles de 68, há o trecho da ópera *L'Amico Fritz* que dizem ser cantada por **Pavarotti**. De concreto, sabe-se que, em seus shows, o tenor já cantou *All You Need is Love* e *With A Little Help*.

Placido Domingo gravou uma linda versão de *Yesterday*. E para fechar a trinca de vozeirões, George Martin foi produtor da carreira de José Carreras.

Relações inimagináveis

Ainda quer se surpreender com artistas que cantaram Fab Four? Vamos lá: os **Los Del Rio**, aqueles da *Macarena*, têm uma versão de *Hey Jude* em espanhol. E o **Khaled**, o sucesso árabe das pistas, regravou *Imagine*.

Faltou alguém?

Sentiu falta de uma citação ao seu artista preferido nessas páginas? Calma, talvez ele apareça nessa relação de outros nomes famosos que este colecionador de covers aqui preparou para você.

Outros nomes que já tocaram beatles

A Perfect Circle / A-Ha / Aaron Carter / Aaron Gillespie / ABBA / AC/DC (Brian Johnson) / Aerosmith / Air Supply / Al Green / Al Jarreau / Alanis Morissette / Alejandro Sanz / Alice Cooper / Alice in Chains (Mike Inez) / Alicia Keys / Amy Winehouse / Anathema / Andrea Bocelli / Angra / Annie Lennox / Aqua / Arcade Fire / Arctic Monkeys / Aretha Franklin / Art Garfunkel / Avril Lavigne / Bananarama / Barbra Streisand / Barry Manilow / Beach Boys / Beck / Belle & Sebastian / Ben Folds / Ben Harper / Bill Halley & His Comets / Billy Idol / Billy Joel / Billy Paul / Billy Preston / Bjork / Black Eyed Peas / Blondie / Blue Öyster Cult / Bob Welch / Bobby McFerrin / Bobby Womack / **Bon Jovi** / Bonnie Pink / Boy George / Boyz

II Men / **Bruce Springsteen** / Bruno Mars / Bryan Adams / Carly Simon / Cat Stevens / Céline Dion / Cheap Trick / Chet Atkins / Chicago / Chick Corea / Chubby Checker / Chumbawamba / Cila Black / Cindy Lauper / Cliff Richard / Colbie Caillat / Coldplay / Corinne Bailey Rae / Cornershop / Count Basie / Counting Crows / Crosby, Still & Nash / Damien Rice / Dave Mathews Band / David Bowie / Dead Kennedys / Deep Purple / Def Leppard (Vivian Campbell) / Deftones / Depeche Mode (Martin Gore) / Diana Krall / Diana Ross / Dione Warwick / Dire Straits (Mark Knopfler) / Donny Hathaway / Dr. Sin / Dream Theater / Duffy / Duran Duran / Earth Wind & Fire / Echo &

The Bunnymen / Eels / Ella Fitzgerald / ELO / Elvis Costello / Enrique Iglesias / Etta James / Eurythmics / Extreme / Faith Hill / Fats Domino / Fionna Apple / Florence & The Machine / Frank Zappa / Frankie Valli / Franz Ferdinand / Garbage / George Benson / George Michael / George Thorogood / Gin Blossons / Gloria Estefan / Grateful Dead / Hall & Oates / Hanson / Harry Nilsson / Heart / Helloween / Herbie Hancock / Hillary Duff / Hoodoo Gurus / Humble Pie / Iggy Pop / Inner Circle / Jack Johnson / Jaco Pastorious / **Jackie Lomax** / James Blunt / James Brown / James Morrison / James Taylor / Jamie Cullum / Janelle Monae / Jason Falkner / Jason Mraz / Jeff Beck / Jerry Lee Lewis / Joan Baez / Joan Jett / Joe Cocker / Joe Jackson / John Denver / John Frusciante / John Legend / John Mayer / John Pizzarelli / Johnny Cash / Johnny Rivers / Jonas Brothers / Joni Mitchell / Joss Stone / Journey / Julio Iglesias / **Justin Bieber** / Kaiser Chiefs / Kansas / Kasabian / Kate Bush / Keane / Keith Moon / Kelly Clarkson / Kenny G / Kenny Loggins / **Kiss** / Kylie Mino-

gue / Little Richard / Laurence Juber / Led Zeppelin / Lifehouse / Lily Allen / Living Colour / Los Lobos / Louis Armstrong / Luis Miguel / Macy Gray / Marillion / Marilyn Manson / Maroon 5 / Marvin Gaye / Matchbox Twenty / McFly / Meat Loaf / Meat Puppets / Michael Bolton / Michael Bublé / Midnight Oil / Mike & The Mechanics / Miley Cirus / Mina / Moby / Monica Naranjo / Mr. Big (Paul Gilbert) / Mumford & Sons / My Morning Jacket / Nancy Sinatra / Natalie Cole / Natasha Bedingfield / Neil Diamond / Neil Young / Nelly Furtado / Nick Cave / Nightwish (Annete Olzon e Tarja Turunem) / No Doubt / Norah Jones / Nouvelle Vague / Ok Go / Oingo Bongo / Olivia Newton John / One Direction / Otis Reeding / Outkast (Andre 3000) / Panic! At the Disco / Pat Benatar / Paul Anka / Paul Simon / Percy Faith / Peter and Gordon / Peter Frampton / Peter Gabriel / Phil Collins / Phish / Pink / Pixies / Placebo (Brian Molko) / Poison (C.C. Deville) / Primal

Scream / Procol Harum / Puddle of Mud / Quincy Jones / Radiohead / Randy Crawford / Ray Conniff / Red Hot Chili Peppers / Richard Clayderman / Ricky Martin / Robbie Williams / Robert Palmer / Roberta Flack / Rod Stewart / Roxette / Rufus Wainwright / Santana / Santo & Johnny / Sarah Vaughan / Sarah McLachlan / Savage Garden / Scorpions / Screaming Trees / Seether / Semisonic / **Smokey Robinson** / Sepultura (Andreas Kisser) / Shabba Ranks / Sheryl Crow / Simple Red (Mich Hucknall) / Sinnead O'Connor / Siouxsie & The Banshees / Sister Hazel / Slayer (Tom Araya) / Slipknot (Corey Taylor) / Smash Mouth / Smashing Pumpkins / Snow Patrol / Stanley George / Status Quo / Stereophonics /

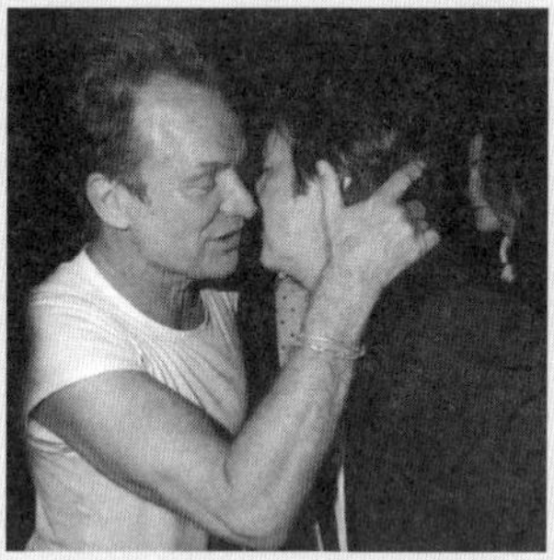

Sting / Styx / Supergrass (The Hot Rats) / Syreeta / System of a Down (Serj Tankian) / Taj Mahal / Take That / The B-52's / The Bangles / The Black Crowes / The Black Keys / The Breeders / The Calling (Alex Band) / The Carpenters / The Coors / The Cure (Robert Smith) / The Dirty Mac / The Doors / The Eagles (Joe Walsh) The Fall / The Flaming Lips / The Fray / The Guess Who / The Hellacopters / The Jam / The Killers / The Magic Numbers / The Mamas & The Papas / The Pretenders / The Smithereens / The Smiths / The Strokes (Nikolai Fraiture) / The Supremes / The Temptations / The Vines / The White Stripes / **Tina Turner** / Tom Jones / **Tony Bennet** / Tori Amos / Toto / Tracy Chapman / Twisted Sister (Eddie Ojeda) / Two Door Cinema Club / Type O Negative / UB40 / Usher / Van Halen / Vanessa Carlton / Vanessa Mae / Velvet Revolver / War / Wet, Wet, Wet / Wolfmother / Whitesnake / Yellowcard / Yes / Yingwie Malmsteen / Youssou N Dour / Zucchero / ZZ Top

5. MISCELÂNEA

Reino Unido, EUA, Índia, Alemanha, Canadá, Japão... É fácil lembrar dos Beatles em qualquer um desses países. É por isso que esse capítulo passa longe deles, procurando referências aos Fab Four nos locais mais inusitados do planeta. Só do planeta? Não! Depois vamos ao mundo virtual da internet, ao espaço sideral, às teorias científicas, ao plano espiritual das religiões, às cortes dos tribunais, ao utópico mundo da publicidade e até a lugares proibidos para menores de 18 anos. Aperte o cinto e boa viagem nessa miscelânea de assuntos.

GEOGRAFIA

Ruas com nomes Beatles

Em Liverpool, se você estiver trafegando pela *John Lennon Drive*, pode virar a qualquer momento na *George Harrison Close*, na *Paul McCartney Way* ou na *Ringo Starr Drive*. Mas o berço dos Fab Four não é a única a cidade a fazer essa homenagem. Ruas na Polônia, EUA, Espanha e Holanda também ganharam nomes relacionados aos Beatles. E no Brasil também.

Obs.: As capitais Rio de Janeiro, Cuiabá...

Ruas John Lennon pelo Brasil

As capitais Rio de Janeiro, Cuiabá e Curitiba preferiram ter uma *Travessa John Lennon*. Serra (ES) tem a *Avenida Beatles*.

CE	Juazeiro do Norte e Fortaleza	PE	Paulista
ES	Serra	RJ	D. de Caxias e Maricá
MS	Campo Grande	MG	Ipatinga
PR	S. J. dos Pinhais e Londrina	SC	Blumenau e São José
SP	Jandira, Campinas, Diadema, Guarulhos e Ferraz de Vasconcelos	RS	Gravataí, Sapucaia do Sul e Novo Hamburgo

O país de John e Yoko

Tentando evitar sua extradição dos EUA, John e Yoko tiveram uma ideia bem doida e fundaram seu próprio país: a conceitual **Nutopia**, um país sem fronteiras, nem passaportes, apenas pessoas. Eles se autoproclamaram embaixadores desse país, porque assim seria mais difícil extraditá-los.

Selos

Ser popular dá nisso: a imagem dos Beatles, em especial de John, foi parar em selos de países que talvez você nem conheça como **Palau**, São Vicente e Granadina, **Antígua e Barbuda**, **Burkina Faso**, Burundi, Mali, Níger, Chade.

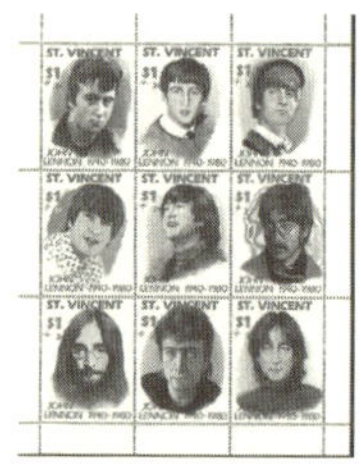

AMÉRICAS

Além do primeiro Papa...

A **Argentina** tem o primeiro e único museu dos Beatles na América Latina. Quando for a Buenos Aires, vale dar uma passada lá e conferir o acervo do maior colecionador privado de artigos dos Fab Four, segundo o *Guiness Book*.

Arriba!

Embora a turnê de 65 previsse um show no **México**, só muito tempo depois é que um Beatle foi pisar na terra dos mariachis. George visitou o país em 77 e Ringo em 80, quando conheceu sua atual esposa. Paul tocou por lá em 2012.

Paradisíacas

Os paraísos caribenhos atraíram os Beatles algumas vezes. Juntos, eles gravaram o filme *Help!* nas **Bahamas**. John foi com Ringo à Trinidad e Tobago e depois voltaria à Bermudas. George passou sua lua de mel com Pattie em Barbados. E Paul e Linda tiraram uns dias de folga na Jamaica.

Mais de Beatles e Américas:

- Na América Latina, Paul já fez shows nos já citados Argentina, Brasil e México, além de Colômbia, Chile, Uruguai, **Peru**, Paraguai e Porto Rico.

- Na **Venezuela**, *Imagine* ganhou uma versão em espanhol chamada *Imagina Venezuela*, que virou um dos hinos chavistas.

- Quando a ilha caribenha **Monserrat** sofreu com a erupção de um vulcão, George Martin organizou um show beneficente que incluiu Paul McCartney.

- Em 2000, o **Maharishi**, guru dos Beatles na Índia, tentou comprar um grande terreno do Suriname para criar uma micronação. De boas intenções...

ÁFRICA

Bons fluídos

Países africanos deixaram bons frutos para Macca. Ele teve a ideia do álbum *Sgt. Pepper* voltando do Quênia; gravou grande parte do *Band on the Run* na Nigéria; e compôs seu sucesso mais recente, *My Valentine*, no Marrocos. A única recordação ruim: sua lua-de-mel com **Heather Mills** foi em Seychelles.

No apartheid

Embora a África do Sul tenha banido as músicas dos Fab Four em 66, o país deixou duas contribuições para sua carreira: a guitarra que John ganhou de sua mãe era de lá, assim como Eddie Kramer, engenheiro de som da banda. Lennon visitou o país em 1980.

Revolution

John quase visitou a Líbia em 67. Aposto que ele não gostaria nada de saber que seu amigo Peter Brown fundaria uma empresa de relações públicas que, em 2008, viria a trabalhar para o ditador **Muammar Gaddafi**.

Mais de Beatles e África:

- Outro país com o qual Maharishi se engraçou foi o **Moçambique**. Em 94, ele tentou usar 1/4 do território do país para sua agricultura.

- O **Casbah Coffee Club**, onde os Beatles faziam show no começo da carreira, tem o nome de uma cidade da Argélia.

- **Charlotte Daddah**, cantora de Gana bem popular por lá, ficou conhecida mundialmente com sua versão de *Don't Let Me Down*.

- O famoso fóssil Lucy, que teve seu nome inspirado na música dos Beatles, está guardado no Museu Nacional da **Etiópia**.

EUROPA

Além da Inglaterra...

No continente europeu, os Beatles fizeram shows juntos no País de Gales, Escócia, Irlanda, Irlanda do Norte, Holanda, Dinamarca, Suécia, **França**, Itália, Espanha e Alemanha. Depois dos Beatles, Macca estendeu a lista para Finlândia, Croácia, Suíça, Noruega, Bélgica, Iugoslávia, Áustria, Hungria, Russia, Rep. Tcheca, Polônia e Ucrânia.

Ilhas Gregas

Em 64, os Beatles cismaram em comprar uma ilha na **Grécia**, só porque ela tem o formato de uma guitarra. Em 67, mudaram seu alvo para o arquipélago grego de Leslo, composto por quatro ilhas onde cada um deles moraria. Coisa de jovens, que acabaram perdendo o interesse na ideia.

Back in the U.S.S.R

Mesmo com os elogios às garotas da Geórgia e Ucrânia na letra dessa música, a Cortina de Ferro tentou resistir à Beatlemania o quanto pôde. O documentário *How The Beatles Rocked the Kremlin* (2013) mostra quem venceu essa batalha. ***Chobba B CCCP*** (88), álbum do histórico show de Paul na Praça Vermelha, na Rússia, também.

Hoje, a cidade russa de **Yekaterinburg** tem um monumento dedicado a eles. **Donetsk**, na Ucrânia, tem outro. E Praga, na República Tcheca, tem a *Lennon Wall*, um muro pintado em homenagem a John.

Eslováquia

Entre as falas aleatórias no meio da canção *Yellow Submarine*, aparece um palavrão da **Eslováquia**: "mozte mi vylizat!" (intraduzível neste livro). A frase deve ter sido dita por Dezo Hoffman, fotógrafo da banda, que era eslovaco.

Mais de Beatles e Europa:

- **Brian Epstein** tem ascendência familiar da Polônia e da Lituânia. A Polônia, aliás, tem uma escola chamada Kindergarten Paul McCartney.

- Paul compôs *Yesterday* durante sua estadia em **Portugal**, em 65.

- O filme Help! teve locações também na **Áustria**.

- Além da BBC, a rádio que mais trazia material Beatles para o público era a Radio Luxemburgo, localizada nesse país e que transmitia para a Inglaterra.

- No Yellow Submarine, os vilões ***Snapping-Turtle Turks*** (tartarugas turcas que estalam, em tradução livre) se vestem com trajes típicos da Turquia.

- Em 90, as esposas dos Beatles criaram uma Fundação em prol das crianças órfãs da **Romênia**, incluindo um álbum que teve Ringo e George.

- Cansado de pagar altos impostos na Inglaterra e nos EUA, Ringo se mudou para a pequena **Mônaco**, em 2005.

- A Islândia tem a *Imagine Peace Tower*, maior monumento dedicado à John.

OCEANIA

Shows por aqui

Em 64, os Beatles fizeram shows de sucesso na **Austrália** e Nova Zelândia. Ringo, que perdera a primeira parte da turnê porque estava doente, voou para lá fazendo escalas em Honolulu e Fiji.

Nas **Filipinas**, em 66, a experiência foi diferente. Sem saber, a banda faltou à um encontro com a primeira dama e por isso foi expulsa do país no dia seguinte ao show, sobrando socos e pontapés para a equipe de produção.

ÁSIA

A velha questão

Israel cancelou um show dos Fab Four em 65 sob a alegação de que eles seriam uma má influência para os jovens. Em 2008, o governo pediu desculpas e convidou os Beatles ainda vivos a visitarem o país. Macca o fez no mesmo ano, mesmo sob ameaças terroristas vindas da Palestina.

Malandro é malandro

A caminho da Índia, Ringo e Paul fizeram escala em Teerã, no Irã, quando o país ainda era governados pelos ***Shahs*** (reis). Depois que o último destes foi deposto e se exilou no México, Alexis Mardas, o inventor maluco financiado pelos Beatles, fez fortuna vendendo carros blindados para ele.

Contra a guerra

John Lennon com certeza se manifestaria contrário às guerras no **Iraque**. Talvez por isso, em 91, Yoko reuniu artistas para cantar *Give Peace a Chance* contra a Guerra do Golfo.

Atéaquiestão

Originalmente, *Get Back* era um protesto contra imigrantes do Paquistão que vinham tomando empregos dos ingleses. Mesmo assim, eles fizeram sucesso na região. O Quirguistão teve festival para comemorar os 50 anos da banda e o Cazaquistão, além disso, lançou uma estátua na cidade de **Almaty**.

De olhos puxados

Embora rejeite a matança de cães e gatos na China, Paul ainda quer tocar lá. Os Beatles até fizeram um show em Hong Kong em 64, quando ainda não era território chinês. Seu avião fez escala na Tailândia, dentre outras.

Nos dois lados

Na semana de lançamento da discografia remasterizada, 16 dos 17 álbuns ficaram no topo das paradas da Coreia do Sul. A Coreia do Norte pode até ter alguma relação com os Beatles, mas ninguém entrou lá ainda para saber.

Mais de Beatles e Ásia:

- Outro lugar onde não se espera dar de cara com os garotos de Liverpool é na **Mongólia**. Mas a capital Ulan Bator tem uma enorme estátua deles.

- A Indonésia não baniu só os Beatles, mas "qualquer coisa ligada a eles".

- Meia-irmã de Paul, Ruth McCartney também é música e já fez shows inclusive na Armênia, Turcomenistão e Uzbequistão.

- Aung San Suu Kyi, ativista da democracia no Myamar, tem apoio de Macca.

- George, que passou por Singapura em 83, organizou o *Concert for* ***Bangladesh***. Paul fez o *Concert for Kampuchea*, em prol do Camboja.

- Royston Ellis, que sugeriu mudar Beetles para Beatles, mora no Sri Lanka.

- Ringo Starr vendeu sua mansão em Tittenhurst Park, Londres, para o então presidente dos **Emirados Árabes Unidos**. Paul tocou lá em 2011.

ANTÁRTICA

Achou que ia faltar?

Em 2010, a Catedral Anglicana de Liverpool realizou um festival pela paz em que músicos do mundo inteiro mandaram vídeos cantando músicas dos Beatles. Dentre os artistas, estavam os freis russos da Ilha do Rei George, situada na **Península Antártica**.

INTERNET

Milionários da rede

Graças ao Facebook, Bono Vox, que é sócio da empresa, em breve pode ultrapassar Macca na lista de roqueiros mais ricos do mundo. Falando em milionários, no filme *A Rede Social* (10), sobre o criador **Mark Zuckerberg**, a trilha sonora dos créditos finais é *Baby You're A Rich Man*. Apropriado.

Lennon estava certo

Usando o *Google Trends*, ferramenta que analisa resultados de busca no **Google**, um jornal britânico provou que os Beatles são mais populares que Jesus. Em 2009, os Fab Four tiveram quase o dobro de resultados.

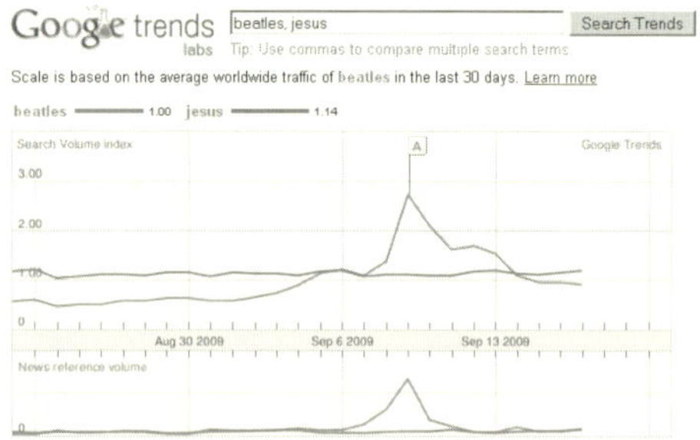

BEATLES EM TUDO

Beatles no iTunes

Até 2010, baixar músicas dos Beatles em sites de pirataria era crime, mas também era a única maneira de fazê-lo. Os Fab Four foram dos últimos a chegar ao **iTunes** e, por isso, foi um sucesso quando finalmente aconteceu.

Converse com John

Se você tem saudade dos comentários ácidos de John, procure pelo *John Lennon Artificial Intelligence Project*. Lá, você conversa com um software que tenta responder suas perguntas com a mesma personalidade do Beatle.

Personalidades Beatles no Twitter

<table>
<tr><td>@thebeatles</td><td rowspan="4">Perfis oficiais dos Beatles e Yoko</td><td>@seanonolennon</td><td>O filho do homem</td></tr>
<tr><td>@paulmccartney</td><td>@beatlepetebest</td><td>Ex-baterista da banda</td></tr>
<tr><td>@ringostarrmusic</td><td>@beatlesstory</td><td>Atração turística em Liverpooll</td></tr>
<tr><td>@yokoono</td><td>@beatlescollege</td><td>Perfil do autor do livro</td></tr>
</table>

ASTRONOMIA

Os Beatles são astros

Brian Skiff e Edward Bowell são os Beatlemaníacos da astronomia. Entre 83 e 84, eles encontraram quatro novos **asteroides** e não tiveram dúvidas para batizá-los: *4147 Lennon*, *4148 McCartney*, *4149 Harrison* e *4150 Starr*.

Em 98, outro asteroide descoberto ganhou o nome de *8749 Beatles*. E em 2004, uma **estrela** composta de carbono cristalizado foi achada na constelação de Centaurus. Como o diamante também é feito dessa matéria, a estrela foi batizada com o nome da menina que vive no céu, *Lucy*.

A esmo

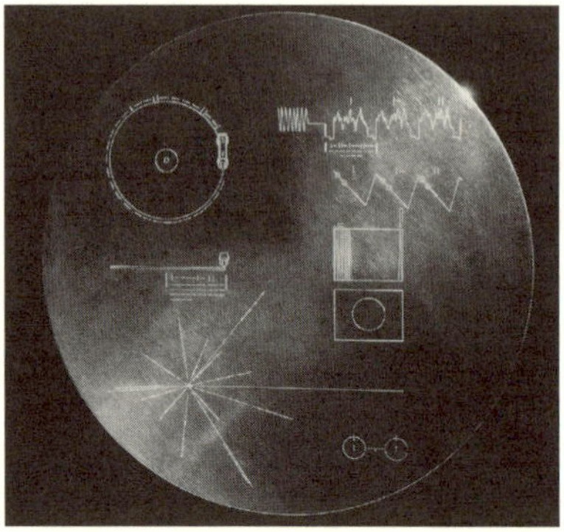

Quando os **discos de ouro da Voyager** foram lançados ao espaço em 77, para quem sabe um dia serem encontrados por civilizações alienígenas, Carl Sagan queria incluir *Here Comes the Sun* em seu conteúdo. Foi algum executivo da EMI que não deixou. Que mandem esse executivo pro espaço!

Tocando Beatles no espaço

Já pensou fazer uma jam session no espaço? Em 95, **Chris Hadfield** levou um violão adaptado para a estação espacial MIR, onde deu um som com os outros astronautas. No repertório, algumas canções Beatles.

Fala aí, Paul!

Em 2005, Macca foi o primeiro artista a cantar ao vivo para astronautas no espaço. Ele tocou *Good Day Sunshine* e *English Tea* direto do show que fazia, na Califórnia.

Imagine a paz

A última viagem do ônibus espacial **Columbia** teve a tripulação mais miscigenada da história. No dia 29/01/03, após serem acordados por *Imagine*, os astronautas se inspiraram e enviaram uma mensagem dizendo que dali podiam ver um mundo "sem fronteiras". A frase se tornou ainda mais marcante depois que a nave se desintegrou na volta à Terra.

Em 2011, Paul acordou a tripulação da STS-135, com uma mensagem pré-gravada por ele e acompanhada por *Good Day Sunshine*.

Outros vôos espaciais com Beatles na trilha:[1]

STS-7 (83) – *A Hard Day's Night*
STS-27 (88) – Uma paródia de *Do You Want to Know a Secret?*
STS-30 (89) – *A Hard Day's Night*
STS-52 (92) – *Birthday*
STS-61 (93) – *With a Little Help From My Friends* e *A Hard Day's Night*
STS-71 (95) – Uma paródia de *Hello, Goodbye*
STS-69 (95) – *A Hard Day's Night*
STS-78 (96) – *Birthday*
STS-81 (97) – *Ticket to Ride*
STS-99 (2000) – *One after 909*
STS-97 (2000) – *Here Comes the Sun* e *Rattled*, do Traveling Wilburys
STS-118 (2001) – *Here Comes the Sun*, em virtude do falecimento de George.
STS-112 (2002) – *Venus and Mars* e *You Gave Me The Answer*, do Wings
STS-114 (2005) – *Good Day Sunshine*
STS-121 (2006) – *Good Day Sunshine*
STS-115 (2006) – *Here Comes the Sun*
STS-127 (2009) – *Here Comes the Sun*
STS-128 (2009) – *Good Day Sunshine*

---

1 Você pode ouvir algumas dessas gravações em http://www.nasa.gov/mission_pages/shuttle/shuttlemissions/sts135/135_wakeup.html

Mais de Beatles e Astronomia:

- Nos 40 anos de *Across the Universe*, a canção foi transmitida pela **NASA** por antenas espaciais para chegar até a Estrela Polar, a 431 anos-luz daqui.

- Até em Marte os Fab Four estão no topo das paradas. Suas canções foram transmitidas para os robozinhos que exploram o planeta. Segundo a NASA, isso serve para acalmá-los.

CIÊNCIAS

O efeito Ringo

Tem maluco, inclusive cientista, que vê Beatles em tudo. Em 2009, durante um estudo sobre "como as folhas repelem a água", fotos em alta definição mostraram gotas d'água que lembravam muito um certo baterista. O objeto de estudo acabou sendo batizado de Efeito Starkey.

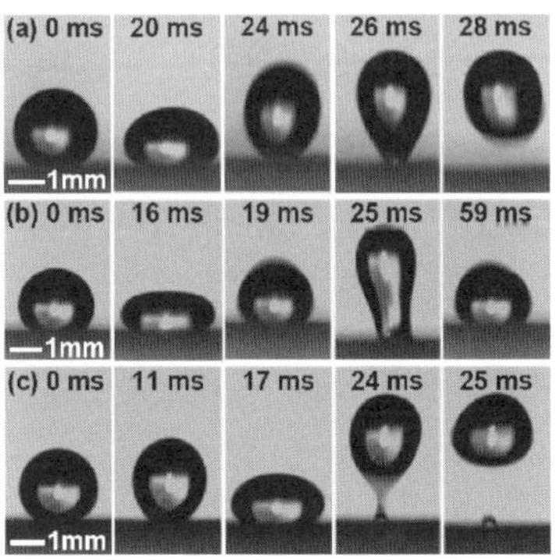

Many years before now

Em 74, paleontólogos encontraram o mais antigo fóssil de Australopiteco fêmea já descoberto. Na noite de comemoração, quando *Lucy in the Sky* tocou no rádio, eles já sabiam como chamá-la: **"Lucy"**, um dos achados mais importantes do século.

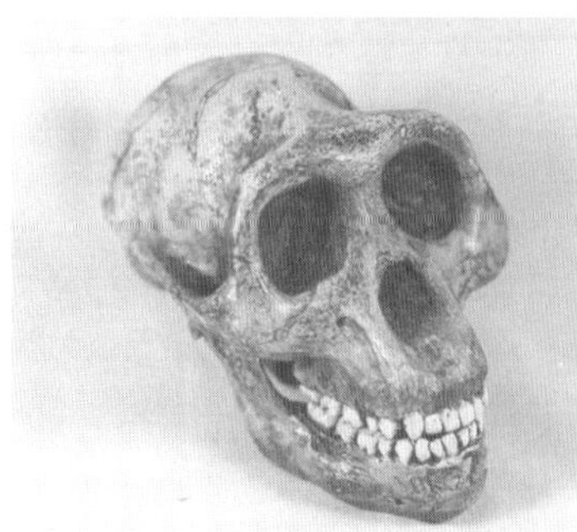

O efeito chiclete

Na infância, Josef Rauschecker não conseguia tirar os Beatles da cabeça. Ele cresceu, virou fisiologista e decidiu entender o porquê daquilo. Acabou descobrindo que o que nos faz decorar músicas é o sistema motor do cérebro e não a parte relacionada à audição, como se achava antes.

O acorde indecifrável

O primeiro acorde de *A Hard Day's Night* é tão singular que precisou de um **matemático** para desvendá-lo. Em 2009, Jason Brown descobriu que enquanto Harrison faz o acorde, George Martin toca um Fá no piano.

Mais de Beatles e Ciências:

- Albert Einsten está escondido na capa do *Sgt. Pepper*. Mas no filme *Yellow Submarine*, sua teoria de tempo-espaço e a fórmula $e=mc^2$ são claramente citadas.
- A Patafísica, que Joan estudava em *Maxwell Silver*, é a ciência das "soluções imaginárias para explicar exceções das leis físicas e metafísicas".
- Que tal fazer um **mestrado** em Beatles na Liverpool Hope University? Se desejar algo mais leve, nem precisa ir tão longe. A PUC-RJ tem um **curso de extensão** sobre a banda. Se precisar de cola na prova, estamos aí.

TECNOLOGIA

iBeatles

O cara que inventou seu iPod, iPhone ou iPad era tão fã dos Beatles quanto você. **Steve Jobs** se inspirou até no nome da gravadora deles para criar sua Apple, o que gerou diversas disputas judiciais. Os problemas parecem ter ficado para trás em 2010, quando a discografia da banda chegou ao iTunes.

Aliás, seu rival Bill Gates compartilha desse gosto. No DVD *The Space Within Us*, de Paul, o dono da Microsoft aparece para compará-lo à Bach.

Para o mundo

O ponto alto do especial *Our World* (67), o primeiro programa de TV a ser transmitido ao vivo internacionalmente, foi a performance dos Beatles tocando ***All You need is Love***. Estima-se que 400 milhões de pessoas assistiram à transmissão.

MISCELÂNEA

Magic Alex

Em 67, a fim de contribuir para a tecnologia, os Beatles embarcaram na onda de um maluco chamado Magic Alex. Fundaram a **Apple Eletronics** para que o cara tocasse projetos como um campo de força para casas, a tinta que faz ficar invisível, um papel de parede alto-falante e um telefone que reconhecia a voz do dono (opa, esse aí acabou sendo inventado depois). Nada deu certo, e esse braço da Apple foi fechado.

Sorria, Yoko está filmando

Nos anos 60, Yoko Ono queria fazer um filme reunindo sorrisos de diferentes pessoas do mundo inteiro. Em 2012, o projeto acabou virando um aplicativo de iPhone, o **#smilesfilm**, que ela lançou convocando as pessoas a enviarem fotos suas sorrindo.

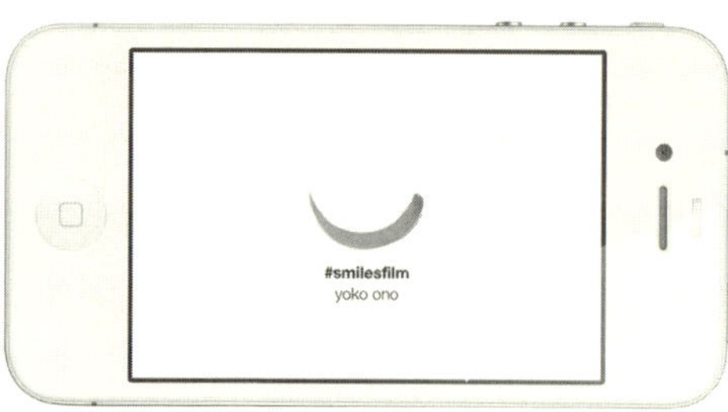

MEDICINA

O raio-X

Graças aos enormes lucros proporcionados pelos Beatles, a EMI investiu uma boa grana em várias pesquisas nos anos 60. Numa delas, o engenheiro Godfrey Hounsfield acabou inventando a **tomografia computadorizada** e ganhou um Prêmio Nobel por isso.

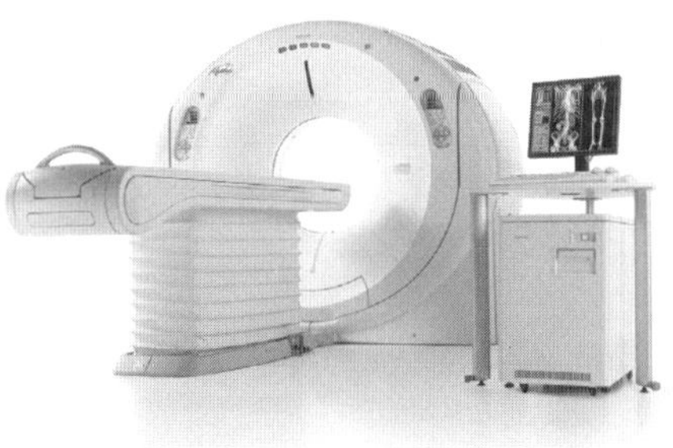

E o DNA

Por falar em Nobel, em 67 os Beatles assinaram um anúncio num jornal britânico pela legalização da maconha. Além de diversos psiquiatras renomados, quem também assinou foi **Francis Crick**, ganhador do Prêmio Nobel pela descoberta do DNA.

Debilitado

Ringo teve problemas sérios de saúde na infância e os hospitais eram parte de sua rotina. Em 64, quando a banda já fazia sucesso pelo mundo, ele voltou a ficar um tempo internado. Durante sua ausência, os Beatles fizeram shows com **Jimmie Nicol** em seu lugar.

Mais de Beatles e medicina:

- O *Doctor Robert* era provavelmente o médico alemão Robert Freymann, que distribuía anfetaminas para clientes famosos em Nova Iorque. Já *Maxwell Edison*, que não existia de verdade, era estudante de medicina.
- Em 2012, o diretor-médico da Rússia (equivalente a Ministro da Saúde) culpou os Beatles pelo começo do consumo de drogas no país. É mole?

PSICOLOGIA

Psicodelogia

A psicologia se faz presente na capa do *Sgt. Pepper* com dois grandes nomes. O primeiro é **Sigmund Freud**, cujas teorias sobre a infância, aliás, explicam muito sobre a vida de John. O outro é Carl Jung, que era visitante frequente da cidade de Liverpool na década de 20.

Tomorrow Never Knows

O psicólogo e neurocientista **Timothy Leary**, amigo de John, está no clipe de *Give Peace a Chance*. O Beatle se inspirou nele para compor *Come Together* e em seu livro *Uma Experiência Psicodélica* para *Tomorrow Never Knows*.

Mais de Beatles, Medicina e Psicologia:

- A **Terapia do Grito Primal** ficou muito popular nos anos 70, quando John se consultou com Arthur Janov para resolver seus traumas de infância.

- **Musicoterapeutas** adoram usar canções dos Beatles, pelas letras simples.

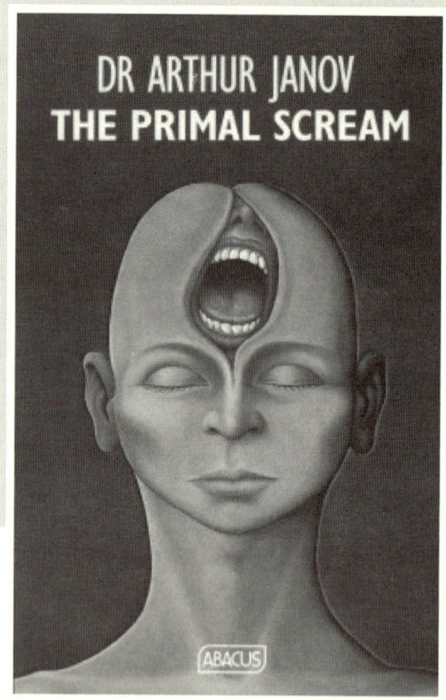

FILOSOFIA

Calma, John

Em 66, Lennon foi a uma livraria disposto a comprar o livro de um autor chamado "Nitz Ga". O vendedor demorou um tempo até entender que ele estava falando de **Nietzsche**. Tempo o bastante para John achar que estavam caçoando dele e armar um barraco por lá.

Filosofia Fab

No livro ***Os Beatles e a Filosofia*** (2006), vinte estudiosos analisam a fundo as letras e a vida dos Fab Four para encontrar as questões filosóficas que influenciaram sua obra. Viu? Iê-iê-iê também é cultura.

MISCELÂNEA

Mais de Beatles e filosofia:

- **Karl Marx**, o filósofo fundador do Comunismo, está na capa do *Sgt. Pepper*.

- Paul se encontrou com Bertrand Russel, Prêmio Nobel de Literatura. Já Lennon esteve com **Marshall McLuhan**, no Canadá.

- Yoko Ono chegou a estudar filosofia no Japão. Ela foi colega de **Akihito**, o atual imperador do japonês.

FAUNA E FLORA

Beatle pets

Se você acha *Martha My Dear* uma linda declaração a uma mulher, ouça novamente. **Martha** era a fêmea de Pastor Inglês que Paul teve até ela falecer, em 81. Sua filhote, Arrow, aparece na capa do *Paul is Live* (93).

Lennon preferia os felinos, mas seu gosto para batizá-los era curioso. Na infância, seu gato se chamava Elvis Presley, mesmo depois de descobrirem ser uma fêmea. Sua preferida foi Alice, que fez John chorar quando morreu ao cair da janela. Mas o mais irônico foi ele ter tido um gato chamado Jesus.

Buster é o cachorro atual de Ringo, que aparece na letra de *English Garden*. O pet mais famoso de George foi um cão Dachshund chamado **Ozzy**.

MISCELÂNEA

Pela fauna

Paul sempre saiu em defesa dos animais. Ele é membro da **PETA** (*People for the Ethical Treatment of Animals*), já participou de campanhas publicitárias e, em 99, fez um show beneficente para a instituição.

Som para cachorro

Por mais que você tente, nunca vai conseguir ouvir *A Day in the Life* completamente. É que a gravação original da faixa traz um intervalo com um som numa frequência que só ouvidos caninos são capazes de ouvir.

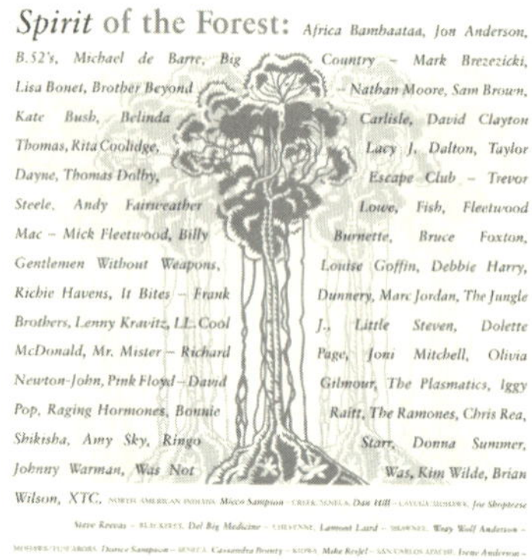

E pela flora

Ringo participou do álbum ***Spirit of the Forest*** (89) pela preservação da Amazônia (assim como Djavan, Ivan Lins e Gilberto Gil). Já Paul compôs *Kreen-Akore*, inspirado pela tribo brasileira de mesmo nome e *How Many People*, em homenagem a Chico Mendes.

Animais na discografia

Na ordem, estes são os sons de animais que aparecem em *Good Morning, Good Morning*: galo, gato, cachorro, cavalo, carneiro, leão, elefante, raposa, vaca e galinha.

E que tal um Jogo do Bicho? Tente achar esses bichos nas letras: abelha, águia, borboleta, cachorro, cavalo, coral, elefante, gato, guaxinim, lagarto, macaco, minhoca, morsa, pássaro, peixe, pinguim, polvo, porcos, sapo e tigre. Ah, não esqueça de encontrar o besouro em um lugar bem óbvio.

Beatles bichos

Os nomes dos Fab Four foram parar em bichinhos nada fofos. Em 69, um invertebrado marítimo foi batizado como *Greeffiella beatlei*, por seus "pelos" que parecem remanescentes de um corte de cabelo Beatle. Em 93, um tipo de minhoca foi chamado carinhosamente de *Bushiella Beatlesi*.

No mesmo ano, os **trilobitas**, artrópodes do período paleozoico, tornaram-se os Fab Four da pré-história. Em uma família, foram catalogados sob os nomes de *Avalanchurus lennoni* e o *Avalanchurus starri*. Na outra, *Struszia mccartneyi* e *Struszia harrisoni*.

Mais de Beatles e animais:

- Já identificou as fantasias do *Magical Mistery Tour*? John é a Morsa, Paul é o Hipopótamo, George é o Coelho e Ringo é a galinha. A galinha, Ringão?

- No show de Paul em Goiânia, em 2013, o palco foi invadido por um enxame de **gafanhotos**. Mas ele não perdeu a compostura e ainda brincou com eles.

- Segundo George, ***Dark Horse*** (cavalo negro) é uma gíria para alguém que tem muitas amantes. Deve ser por isso que ele, sempre garanhão, usou o termo para batizar uma música, um álbum, uma turnê e uma gravadora.

MARCAS E PUBLICIDADE

Não à publicidade

Como disse George, em 87, "se não fizermos nada a respeito (proibir músicas em comerciais), cada uma das canções dos Beatles vai acabar vendendo sutiãs ou tortas de carne de porco". Mesmo assim, isso já aconteceu algumas vezes.

A **Nike,** por exemplo, foi parar nos tribunais. Nos anos 80, ela usou *Revolution* como trilha de um comercial, pagando a quem devia e com autorização da Yoko. Mas a Apple Records processou a empresa e o comercial foi tirado do ar depois de um acordo secreto entre todas as partes.

Yokomercial

A viúva de John realmente não vê problemas nisso. Tanto que licenciou *Instant Karma!* para a Nike novamente em 93.

Ringo, o garoto-propaganda

Já o Ringão aproveita seus dotes de ator para faturar um extra com propagandas. Ele já fez comercial para Pizza Hut, vinho, carro, e até para uma linha de sucos do Japão, naquele estilo berrante da TV japonesa.

E em 2010, permitiu até que a Citroën dublasse uma imagem de John Lennon para um comercial de carro.

Sem pedir não pode

Em 87, A **Heineken** se atreveu a lançar uma coletânea não autorizada dos Beatles. Para ganhar uma das fitas cassete *Only The Beatles*, era só juntar quatro aros de latinha mais £2.99. Se a marca foi processada? Claro.

Em 2008, alguém teve a "brilhante" ideia de usar a imagem dos Beatles para divulgar o **McDonald's** de Liverpool. O tiro saiu pela culatra, claro: o vegetarianíssimo Paul ganhou a causa na justiça.

Merchanzão

Os Beatles foram fotografados bebendo tanto **Pepsi** quanto **Coca-Cola**, mas foi a segunda que entrou para os versos de *Come Together*. De propaganda paga, só o comercial que John e George gravaram para a **Marlboro**, em 64.

Mais de Beatles e marcas:

- Em 79, a **Shell** produziu uma edição limitada do álbum *Help!* (com o logo da marca na capa) para seus funcionários. Tornou-se artigo raro, assim como a embalagem de **Nestlé** Quick, de 64, com promoção de infláveis dos Beatles.

- *Good Morning, Good Morning* foi inspirado em um comercial da Kellogg's.

- Como a fotógrafa Linda McCartney tinha o sobrenome Eastman, achavam que ela era da família Eastman-**Kodak**, dona da empresa fotográfica.

- Em 2007, Paul migrou para o selo musical recém lançado da **Starbucks**.

Love me brew

Starbucks is making a more serious foray into the music biz by launching its own label – and may score Paul McCartney as its debut artist. Under Chairman Howard Schultz (left), Starbucks has previously tested the CD and DVD retail waters.

"Music that Matters to Her," a collection of Joni Mitchell's favorite songs, is part of Starbucks' exclusive "Artist's Choice" series.

Starbucks co-produced and heavily promoted last year's movie "Akeelah and the Bee."

MISCELÂNEA

- Só porque sua linha de fraldas infantis nos EUA se chama *Luv*, a **Procter & Gamble** fez a paródia infame *All you need is Luv* para um comercial.

- A **Toshiba** era a responsável pelos lançamentos dos Fab Four no Japão.

TOSHIBA
Leading Innovation

- Depois de muita confusão, Michael Jackson vendeu 50% de seu catálogo de músicas dos Beatles para a Sony, que foi comprada pelo Citigroup.

- Legal foi o karaokê gigante de *Hey Jude* que a **T-Mobile** fez em 2009.

- Outras que usaram a banda em comerciais: John Lewis, Hugo Boss, MTV, Budweiser, Ford, Johnson & Johnson, Philips, Best Buy, Hewlett-Packard, Schweppes e Apple.

- No Brasil, eles já foram trilha para a Nextel, FIAT, Vivo, Chevrolet e Volkswagen. Lembra de algum?

MODA

A boutique dos Beatles

Mesmo sem experiência no assunto, os Beatles tiveram sua própria loja de moda em Londres, a Apple Shop. Era uma zona: os vendedores não conseguiam distinguir se as pessoas estavam vestindo as roupas que vieram ou os produtos da loja. Não durou nem um ano e só deu prejuízo.

Vista o que eu visto

A verdadeira contribuição da banda para a moda foram o corte de cabelo *mop top*, os terninhos e as botas (chamadas de **Beatle Boots**) da primeira fase, as roupas coloridas psicodélicas e os óculos redondos de John.

Fab is Fashion

Em 2007, a **Ellus** brilhou na São Paulo Fashion Week ao lançar uma coleção que incluía peças inspiradas nos Fab Four. O desfile teve *Because* como fundo musical.

Stella McCartney

A filha estilista de Paul, referência da moda na atualidade, começou trabalhando com Christian Lacroix e, em sua formatura, **Naomi Campbell** e Kate Moss desfilaram de graça. Ela já criou para Adidas e foi diretora de criação da Chloé (mesmo sendo criticada por Karl Lagerfeld). Hoje, sua grife própria é parte da Gucci. No Brasil, ela já assinou uma coleção da **C&A**.

OBJETOS

Beatles em todas as coisas

Não é novidade que uma banda pode vender muita coisa. Mas os Beatles estabeleceram um recorde. Prenda a respiração e conheça alguns produtos que levavam a marca deles: colchão de ar, band-aid, fivela de cinto, frescobol, megafone, cortina, chiclete, cinzeiro, baralho, escova, sorvete, fones de ouvido, meia-calça, estojo, travesseiro, talco, tênis, toalha, anel, carteira, relógio, peruca, pelúcias, seda, abajur, isqueiro, bicicleta, cabide e quebra-cabeça e até uma edição exclusiva do jogo **Monopoly** (mais conhecido aqui como Banco Imobiliário).

Leilões bizarros

Para alguns, qualquer coisa tocada por um Beatle vira ouro. Dentre os mais estranhos: um rolo de papel higiênico recusado pelos Beatles; um dente de John Lennon; um vaso sanitário de John; o disco autografado por John antes de morrer; e uma torrada metade mordida por George. Quer pagar quanto?

VEÍCULOS

Acidentes

A mãe de John morreu atropelada por um carro de polícia. A de Linda McCartney, num acidente de avião. George dizia ter se salvado de outro acidente aéreo cantando *Hare Krishna*. E em 2012, Paul quase morreu (de novo?) em um acidente de helicóptero. Quanta tragédia!

Nomes famosos

Ontem, o ônibus mais famoso dos Beatles era o *Magical Mistery Bus*. Hoje, é o ***John Lennon Educational Tour Bus***, que roda os EUA com projetos infantis. Por falar em nomes, desde 2002 o aeroporto de Liverpool chama-se *John Lennon Airport*, com o slogan "above us, only sky". Boa, publicitários.

Mais de Beatles e veículos:

- Quando estiver em Porto Alegre, opte pelo **táxi** do Sr. Mario Jorge, agora conhecido como John Lennon. O veículo é todo decorado com a banda.

- Além da Fórmula-1, George era apaixonado por corridas de motocicletas.

- O **Mini Cooper** teve uma edição especial inspirada no carro de George.

- Em Liverpool, uma cidade cheia de barcos, o mais famoso é o **submarino**.

RELIGIÃO

"Mais populares que Jesus Cristo"

Pode não parecer, mas os Fab Four têm origem cristã. Paul e George foram batizado **católicos**; John e Ringo, **anglicanos**. Mesmo assim, foi polêmica a declaração de John que, ao ser tirada do contexto, virou uma afronta ao cristianismo. Ele teve de se retratar publicamente e depois desistiu de colocar a imagem de Jesus na capa do *Sgt. Pepper.* Melhor assim, John.

Na época, quem fez mais barulho por causa da declaração foram os **protestantes**. A KKK organizou fogueiras públicas com artigos da banda e até pregou um disco deles na cruz.

Hoje em dia, para os católicos, isso ficou para trás. Nos anos 2000, o jornal do vaticano publicou que os Beatles estão "perdoados" por tudo e até incluiu o *Revolver* em sua lista dos 10 melhores discos de todos tempos.

Influências sagradas

Outra religião que marcou a carreira da banda foi o judaísmo: o empresário Brian Esptein, o produtor Phil Spector, as esposas Linda McCartney, Barbara Bach e Nancy Sheevel (atual de Paul) têm origem judaica. E, só por causa do nariz, muita gente achava que Ringo também tinha.

Jai Guru Deva om

A única religião da qual os Beatles se aproximaram foi o **hinduísmo**, em especial na viagem à Índia em 66. A capa do *Sgt. Pepper* tem vários gurus e uma estátua da Deusa Lakshmi. Mas George foi o único que se manteve ligado à religião, tornando-se um de seus mais famosos divulgadores.

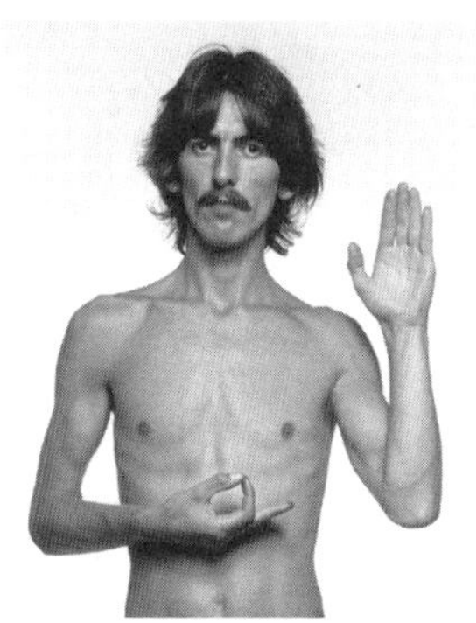

All you need is Peace!

A paz venceu o ódio em dois casos Beatles. A primeira foi durante a visita de Paul à Israel, em 2008. Um fundamentalista islâmico avisou que ele poderia ser alvo de um ataque suicida, mas tudo correu na paz, felizmente.

A segunda, em 2012, quando o polêmico **pastor Terry Jones** foi à Times Square pregar seu ódio ao islã. Só que os pedestres que estavam por ali ficaram contra ele, cantando *All You Need is Love*. Bem feito!

Espiritismo

Alguns médiuns, inclusive brasileiros, dizem ter se comunicado com os Fab Four no além. Carmem Tiepolo disse que John ficou amigo de Ayrton Senna por lá. Irineu Gasparetto foi ao Programa do Jô encarnar John e cantar num inglês macarrônico. E o sobrinho de **Chico Xavier** alega ter recebido uma mensagem de George para Paul. Bem desaforada, por sinal.

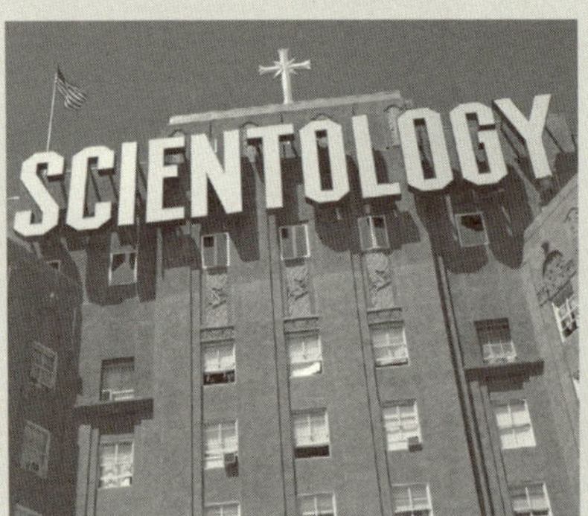

Mais de Beatles e religião:

- Entre os seguidores famosos da **Cientologia** estão Nicky Hopkins, que tocou piano em *Revolution*, e o maluco do Charles Manson (tinha de ser...).
- Em 2012, *Imagine* foi banida da alguns crematórios ingleses por conter os versos "Imagine there's no heaven".

- A inspiração para *The Inner Light* foi o texto clássico ***Tao Te Ching***, fundamental para o Taoísmo, e influente no Budismo e Confucionismo.

- Da série baboseiras do pastor-deputado Marcos Feliciano: "Deus matou John Lennon por causa de suas declarações sobre Jesus". Ah, tá...

- A Igreja Universal do Reino de Deus é a atual dona do ***EMD Cinema*** (antigo palco dos Beatles em Londres), e quer transformar o prédio em um templo.

- Impressionante é a semelhança melódica de *Don't Pass Me By* com *Exu Caveirinha*, do Candomblé. Confira!

- Se John dizia que "Deus é um conceito pelo qual medimos nossa dor", ele provavelmente não era ateu, e sim agnóstico. Certo?

MÍSTICO E SOBRENATURAL

O maior boato do Rock

A lenda diz que **Paul morreu** em um acidente de moto (que realmente aconteceu, em 66) e foi substituído por um sósia chamado William Campbell. Supostas pistas em capas de discos e letras começaram a ser divulgadas por um DJ americano, em 69, e rondam por aí até hoje. Mas não vá acreditar nessa bobeira (ou será que faço parte da conspiração?).

Adoradores do Capeta

Outra mentira acerca da banda: eles eram **satanistas**. Ok, Aleister Crowe, o ocultista, está na capa do *Sgt. Pepper*. Mas as mesmas pessoas que acham que os Beatles fizeram um pacto com o diabo, também dizem isso da Xuxa...

Mistérios de John

John também teve seus próprios mistérios. Em 66, ele se hospedou numa casa mal-assombrada na Espanha. Em 74, jurou ter visto um OVNI pairando sobre Nova Iorque. Mas o único fato documentado pelas câmeras foi a carta de um fã que ele recebeu em 69, que dizia ter sido avisado pelo espírito de Brian Epstein que John seria assassinado. Credo!

O visitante misterioso

Numa noite de 67, um barbudo de branco apareceu na casa de Paul. Quem ele dizia ser? "Jesus Cristo". Na dúvida, Macca achou melhor tratá-lo bem e ele foi até convidado para acompanhar uma gravação dos Beatles no estúdio.

Signos e horóscopo chinês

John era de Libra; George, Peixes. Paul é de Gêmeos; Ringo, Câncer. John e Ringo são do ano do Dragão. George, da Cabra. Paul, do Cavalo.

CULINÁRIA

The lovely Linda

Se Paul é hoje um dos principais nomes do **vegetarianismo**, ele deve parte disso à sua falecida esposa. Linda McCartney defendeu a causa durante toda sua vida, produzindo uma linha de alimentos e vários livros de receitas.

Comidas nas letras dos Beatles

O pesquisador Martin Lewis, que pelo visto não tinha muito o que fazer, analisou todas as letras da banda e carreiras solo para chegar a conclusão de que o alimento favorito deles é mel. Ele aparece na letra de 14 músicas. **Chá** é a bebida favorita, com doze aparições.

Apetite Road

A essa altura, você já viu que eu não sou o único Beatlemaníaco louco, né? Então adicione mais um a sua lista. O designer Paul Baker recriou a capa do *Abbey Road* usando **feijão**, **bacon**, **ovos**, **salsicha** e outros alimentos.

Mais de Beatles e culinária:

- No auge da Beatlemania, até comida era vendida com a imagem da banda. Teve **sorvete**, chiclete e chocolate, além de lancheiras, pratos e copos.
- O nome original de *Yesterday* era *Scrambled Eggs* (ovos mexidos).
- Os Beatles odiavam jujubas. É que em 63, virou moda entre o público jogar esses docinhos coloridos no palco durante os shows. Tudo por causa de uma entrevista em que George reclamou que John roubava todas as que ele ganhava.

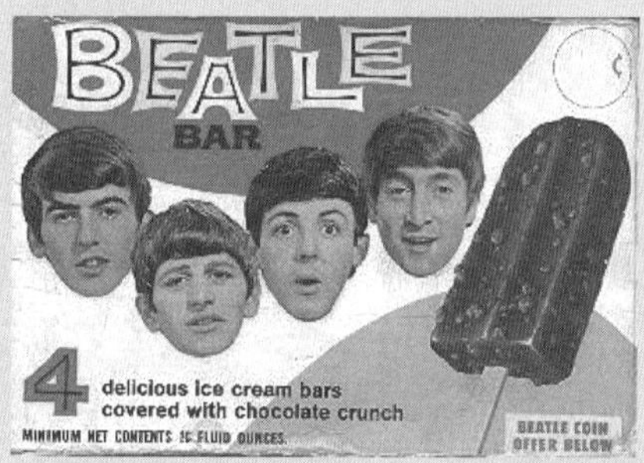

- Quando estiver em São Paulo, dê uma passada na **lanchonete** *John & Paul*, na Vila Madalena. A decoração e o cardápio são todos especiais.

MISCELÂNEA

POLÍTICA

Política norte-americana

Quando os Beatles colocaram John F. Kennedy na capa do *Sgt. Pepper*, política ainda não era interesse de John. Mais tarde, quanto se politizou, Lennon se tornou um pacifista tão influente nos EUA que foi considerado um perigo por **Richard Nixon**. Nos bastidores, o presidente impôs uma caçada para tentar deportá-lo do país.

Lennon tampouco era fã de Ronald Reagan. *Come Together* foi composta como o jingle do adversário dele ao governo da Califórnia, mas tal candidatura foi cancelada. No entanto, segundo o assistente de John, nos últimos anos de vida ele preferia Reagan a Jimmy Carter para a presidência.

Apesar de ser mais apolítico, Macca compôs a canção *Freedom* sobre o atentado de 11/9 e foi muito criticado por parecer apoiar as guerras de George W. Bush. Mais tarde, melhorou sua imagem ao apoiar a candidatura de **Barack Obama**. Lembra do Paul vira-casaca do capítulo de futebol?

Política britânica

Em busca de popularidade nas eleições britânicas de 64, até os conservadores elogiavam os Fab Four. Para não perder esse bonde, **Harold Wilson,** que acabou sendo eleito Primeiro-Ministro, ofereceu um almoço especial para eles. No ano seguinte, nomeou-os como membros do Império Britânico. Em 69, Lennon devolveu sua medalha em protesto contra o envolvimento do país nas guerras da Nigéria e Vietnã.

Mania de polemizar

John não era nazista, mas nos shows do começo da carreira em Hamburgo, provocava a plateia fazendo a saudação nazi. Na chegada à Austrália, em 64, repetiu o gesto e depois ainda quis colocar Hitler na capa do *Sgt. Pepper.*

Tipo Macaco Tião

Nas eleições presidenciais de 64, após o assassinato de Kennedy, uma campanha bem-humorada "Ringo For President" surgiu nos EUA. Claro que o Beatle não preenchia nenhuma dos atributos necessários para tal.

Formador de opinião

Some Time in New York City (72) é o álbum mais politizado de John. Inclui canções de apoio a uma Pantera Negra (*Angela*), a uma rebelião prisional (*Attica State*) e à soltura do ativista John Sinclair (faixa homônima).

Nações Unidas pela volta

Em 79, até a **ONU** tentou reunir os Beatles. Pelo menos foi isso que a imprensa mundial divulgou, no que seriam três shows beneficentes em Nova Iorque. Segundo conta a mesma lenda, foi John quem recusou.

Black is beautiful

No início dos anos 70, Lennon viveu sua fase mais engajada politicamente. Chegou a se aproximar de Michael X, ativista pelos direitos dos negros nos Estados Unidos. Paul, sempre mais comedido em assuntos políticos, exibiu um vídeo com falas de **Martin Luther King Jr.** nos shows da turnê de 90, enquanto tocava *The Fool on the Hill.*

Mais de Beatles e Política

- **Pierre Trudeau**, primeiro ministro do Canadá, foi a primeira autoridade a receber John e Yoko em sua "turnê pela paz", durante o *Bed-in* naquele país.

- Apesar da insistência de sua filha, o presidente **Lyndon Johnson** nunca aceitou receber os Beatles na Casa Branca.

- Em *Revolution*, Lennon critica Chairman Mao, o líder comunista da China.

- *Taxman* é um protesto contra os impostos britânicos. Na letra, aparecem Harold Wilson e Edward Heath, líderes dos maiores partidos britânicos. Num show em 91, George substituiu-os por Mr. Bush e Mr. Clinton.

- No Brasil, **Serra** e Haddad são adversários, mas partilham da mesma Beatlemania. E toda eleição tem um candidato John Lennon bizarro por aí.

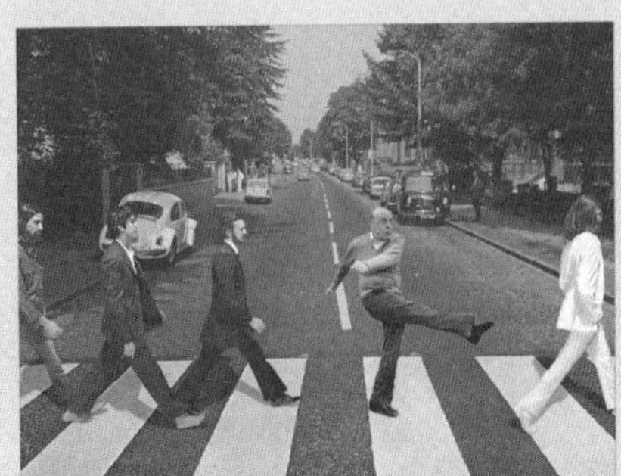

MISCELÂNEA

POLICIAL

Os assassinos

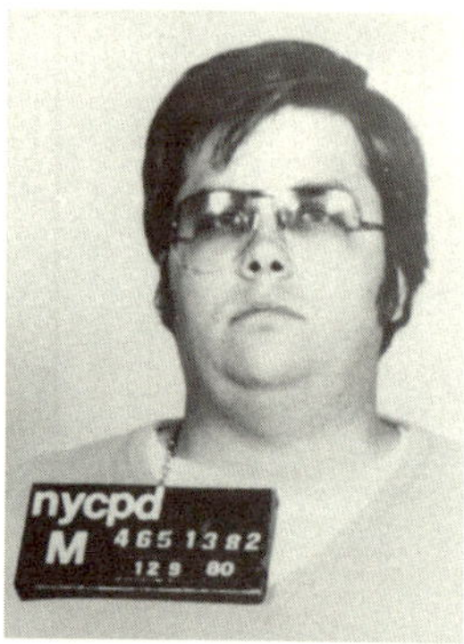

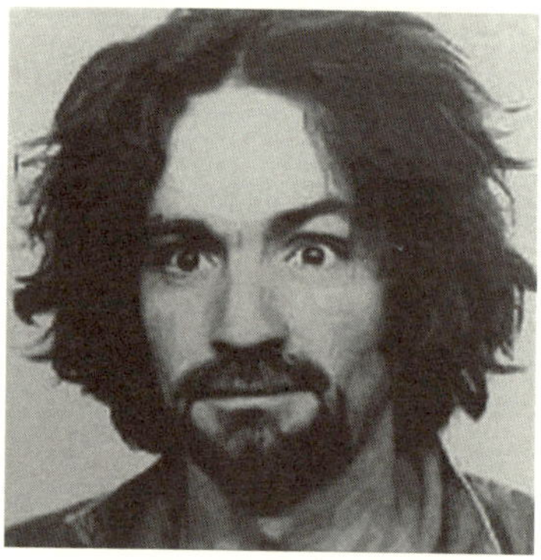

Mark Chapman, o assassino de John, não foi o único maluco a ouvir vozes para matar um Beatle. Em 99, Michael Abram invadiu a casa de George e esfaqueou-o mais de 40 vezes. Foi Olivia, sua esposa, quem o salvou do ataque com um golpe de abajur na cabeça do cara.

Outro doido "inspirado" foi **Charles Manson**, para quem *Helter Skelter* dizia que ele deveria iniciar uma guerra entre negros e brancos. Seu grupo de loucos assassinou a atriz Sharon Tate, esposa de Polanski, dentre outros.

Polícias secretas

No documentário ***The U.S. vs. John Lennon*** (2006), dá para entender bem a perseguição que John sofreu do **FBI** e da **CIA** por sua luta pacifista nos anos 70. As duas já haviam aparecido na letra de *Dig it*, enquanto a **Scotland Yard** foi citada no filme *Help!*. Já a banda da **KGB**, quem diria, aparece em um vídeo do YouTube, cantando *Let it Be*.

Beatles presos

Fumar um baseado já trouxe diversas dores de cabeça à banda. John foi preso nos EUA e em Londres por porte da droga. Paul teve problemas na Suécia, Escócia e foi até expulso do Japão. George foi detido e multado. Só Ringão se safou dessa. O que não quer dizer que ele não curtisse...

Mais de Beatles e polícia:

- Dizem que durante o primeiro show deles no *Ed Sullivan*, a polícia dos EUA registrou taxa de crime zero. Vai ver os tiras também estavam assistindo.
- *Blue Meanies*, do *filme Yellow Submarine*, é uma gíria hippie para policiais.

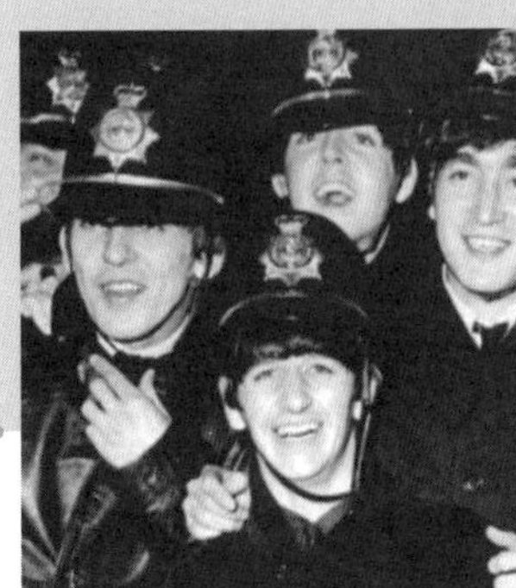

TRIBUNAL

Beatles para corrigir

Em 2007, um americano acusado de roubar cervejas alegou em sua defesa que o melhor era *Let it Be* (no sentido de deixar pra lá), "como diziam os *Beetles*". Na sentença, o juiz não só corrigiu seu erro, como também citou 42 músicas da banda. A pena do rapagão foi prestar serviços comunitários.

Paul x John, George e Ringo

Para se proteger de prejuízo financeiros, Macca se viu obrigado a levar a questão do fim da banda para os tribunais. Só que, para isso, teve de tomar a atitude nada popular de processar seus ex-colegas de banda. Pode imaginar a reação de Lennon, né?

Até que a corte os separe

A separação de Paul McCartney e **Heather Mills** foi um dos divórcios mais polêmicos dos anos 2000. A ex-esposa pode se dizer vencedora, já que saiu com mais R$ 84 milhões de lá. Cynthia também se separou de John na justiça, sob a alegação do adultério com Yoko. Levou com ela uma pequena parte dos direitos sobre as músicas da banda.

Mais de Beatles e tribunais:

- O **assassino de John** já teve sete pedidos de liberdade condicional negados.
- **Phil Spector**, produtor do álbum *Let it be*, está preso pelo assassinato de uma atriz, em 2003.
- Logo após Brian Epstein, outra pessoa importante na carreira da banda se suicidou. O advogado David Jacobs teria se enforcado, embora existam suspeitas de que ele foi assassinado pelos gângsteres Irmãos Kray.

MAIS DE 18

Sgt. Pepper versão pornô

Já diz a regra nº 34 da internet: "Se algo existe, existe também sua versão pornográfica". Graças ao picante filme ***Sgt. Peckers Lonely Hearts Club Gang Bang*** (95), o universo Beatle não é exceção. E antes que perguntem: não, eu não assisti (é que não achei pra baixar).

Exposição de pênis

Era arte, mas não deixou de ser pornográfico. Em 2012, o artista Jonathan Gent pintou os **pênis** do Fab Four para expor no Museu de Liverpool. Alguém que não curtiu a ideia depredou a obra e a peça acabou saindo da exposição.

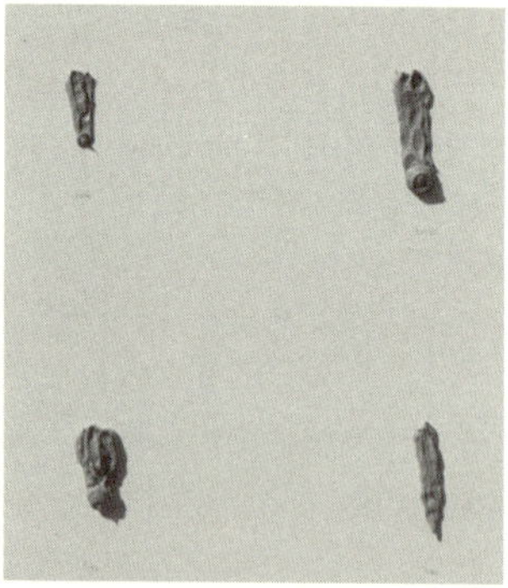

Nudez na coleção

Três cenas de nudez aparecem na obra dos Beatles. Uma stripper faz um show no filme *MMT*. No encarte do álbum ***Rushes***, do Paul, vemos uma bela jovem toda nua. E Yoko aparece pelada com John na capa de seu álbum experimental *Two Virgins*. Mas esse você não quer ver, né?

Mais de Beatles e mais de 18:

- Entrevistas marcantes dos integrantes da banda saíram nas páginas da **Playboy**. Barbara, esposa do Ringão, foi capa da revista, em janeiro de 81.

- John foi ao cinema assistir ***Garganta Profunda*** (72), cult do cinema pornô.

- No espetáculo *Beatles Burlesque*, uma banda cover toca as músicas enquanto mulheres vestidas ao estilo cabaré vão se despindo lentamente.

- A atriz pornô **Zarrah Angel** tem o verso *Let it Be* tatuado no corpo. Onde? Procure na internet porque esse livro é de família.

DATAS

Ah, o Natal

De 63 a 69, o **Natal** era especial para membros de fã-clubes dos Beatles. Para agradecer à imensidão de cartas recebidas, a banda gravava um álbum especial para os fãs, com mensagens, brincadeiras e cantos natalinos.

Hoje em dia, talvez você fique de saco cheio de John Lennon nessa época. É que a canção *Então é Natal*, que toca sem parar na voz de Simone, é a versão em português de sua canção solo *X-Mas (War is Over)*.

Na hora da virada

Desde 2006, canção *Imagine* é tocada na festa de **Ano Novo** da Times Square, em Nova Iorque.

Páscoa

A **Páscoa** é outra data importante para Beatlemaníacos. Nesse dia, foram transmitidos alguns especiais, como o *From Us to You*, da BBC (64).

Go Vegan!

Qual a semelhança entre Paul e um peru? Os dois não gostam do **Dia de Ação de Graças**. Macca faz campanha para que as pessoas abram mão da refeição tradicional desse dia.

O Beatles day

Para um fã, ouvir Beatles é bom a qualquer hora. Mas em 10 de julho isso ganha um caráter oficial. É nesse dia que se comemora o ***Beatles Day*** em todo mundo. A data celebra a dia que os Beatles retornaram de sua primeira e triunfal turnê nos EUA.

BIBLIOGRAFIA

Baird, Julia, *Imagine, Crescendo com o meu Irmão John Lennon* (São Paulo: Globo, 2008)

Baur, Michael e Baur, Steven, *Os Beatles e a Filosofia* (São Paulo: Madras, 2007)

Brown, Peter e Gaines, Steven, *The Love You Make: An Insider's Story of The Beatles* (Nova Iorque: New American Library, 2002)

Carlin, Peter Ames, *Paul McCartney, Uma Vida* (Rio de Janeiro: Nova Fronteira, 2012)

Coleman, Ray, *McCartney Yesterday... And Today* (Londres: Boxtree, 1998)

Clayson, Alan e Leigh, Spence, *The Walrus was Ringo* (New Malden: Chrome Dreams)

Davies, Hunter, *A Vida dos Beatles* (Rio de Janeiro: Expressão e Cultura, 1968)

David, Hunter, *As Cartas de John Lennon* (São Paulo: Planeta, 2012)

Dogget, Petter, *A Batalha pela Alma dos Beatles* (Curitiba: Editora Nossa Cultura, 2012)

Ellis, Geoffrey, *I Should Have Known Better: a Life in Pop Management* (Abingdom: Thorogood Books, 2004)

Emmerick, Geoff, *Here, There & Everywhere* (Nova Iorque: Gotham 2006)

Giuliano, Geoffrey, *Blackbird: The Life and Times of Paul McCartney* (Cambridge: Da Capo Press, 1997)

Harry, Bill, The Paul McCartney Encyclopedia (Virgin Books, 2003)

Heylin, Clinton, *Sgt. Pepper's Lonely Hearts Club Band, Um ano na vida dos*

Beatles e amigos (São Paulo: Conrad, 2012)

Lennon, Cynthia, *John* (Londres: Hodder & Stoughton, 2005)

Lennon, John, *In His Own Write* (Nova Iorque: Simon & Schuster, 2000)

Lennon, John, *Skywriting by Word of Mouth* (Londres: Vintage, 2012)

Lewisohn, Mark, *The Beatles Recording Sessions* (Nova Iorque: Harmony Books, 1989)

Lewisohn, Mark, *The Complete Beatles Chronicles* (Nova Iorque: Harmony Books, 1989)

McCartney, Paul, *In His Own Words* (Music Sales Corp, 1976)

McCartney, Paul, *Wingspan* (Bulfinch, 2002)

Miles, Barry, *Beatles: A Diary: An Intimate Day by Day History* (Londres: Omnibus Press, 2009)

Miles, Barry, *Paul McCartney: Many Years From Now* (Londres: Secker & Warburg, 1998)

Miles, Barry, *The Beatles Diary Volume 1: The Beatles Years* (Londres: Omnibus Press, 2001)
Miles, Barry, *The Beatles Diary Volume 2, After the Break-Up,1970-2001* (Londres: Omnibus Press, 2001)
Newman, Ray, *Abracadabra! The Complete Story of The Beatles' Revolver* (Creative Commons Attribution)
Norman, Philip, *John Lennon, A Vida* (São Paulo: Companhia das Letras, 2009)
Ono, Yoko, *Memories of John Lennon* (Stroud: Sutton Publishing, 2005)
Pang, May e Edwards, Henry, *Loving John* (Londres: Corgi, 1983)
Pascall, Jeremy, Paul McCartney and "Wings" (Worthing: Littlehampton Book Services Lt, 1977)
Spitz, Bob, *The Beatles, A Biografia* (São Paulo: Larousse do Brasil, 2007)
Stark, Steven, *Meet the Beatles!* (Harper Collins e-book, 2009)
Sounes, Howard, Fab: An Intimate Life of Paul McCartney (Cambridge: Da Capo Press)
Thomson, Elizabeth e Gutman, David, *The Lennon Companion* (Cambridge: Da Capo Press)
Turner, Steve, *The Beatles: A história por trás de todas as canções* (São Paulo: Cosac Naify, 2009)

Entre os sites sobre The Beatles consultados, listam-se The Beatles, The Beatles College, Beatles to the People, Beatles Bible, Portal Beatles Brasil, Beatles Examiner, Revolution 9, Beatles Number 9, Wingspan, Wow Blog, Beatles Interviews, Beatles Burlesque e The Beatles Rarity.

Entre os outros sites nacionais consultados, listam-se Almanaque Brasil, Almanaque da Formula 1, CCSP, Ego, ESPN, G1, Galeria do Rock, Globo Esporte, Lancenet, Letras, Portal R7, Portal Terra, Tech Tudo e Whiplash.

Entre os outros sites internacionais consultados, listam-se Abbey Road Studio, Ads of the World, Amazon, American Memorabilia, BBC News, Boston Herald, Brief and to the Point, Daily Mail, Ebay, Gibi Comics, Google, I Am Phoney, IMDB, Jornal Marca, Liverpool Daily Post, Liverpool Echo, Liverpool FC News, Lyrics Freak, NASA, Run of Play, Spinner, Superman Fan, Telegraph, The Guardian, The Mirror, Twitter, VICE, Washington Post, Wikia, Wikipédia, World Soccer e Youtube.

We hope you will enjoy the show

Os Beatles estão em tantas coisas que não daria para escrever tudo num livro só. Mas se você quiser continuar essa viagem, o blog do autor está cheio de material extra do livro.

Acesse
www.beatlescollege.wordpress.com/beatles-em-tudo
e aproveite.

BEATLES EM TUDO

Este livro foi composto em AD Scala Sans
pela Editora Zás e impresso em
papel bold creme 90g.